なぜ、2時間だけ営業でうまくいくのか？

大西益央
Onishi Masuo

光文社

「将来どうなるか不安だ……」
「夢をかなえたいけど、どうすればいいかわからない……」
「年金とか老後が心配で、仕事に身が入らない……」

こんなことを思っていませんか？
もしそうなら、そんな人にこそこの本を読んでもらいたいです。

ハッキリ言いましょう。

そんなことばかり考えていると、夢はかないません。
いつまで経っても、将来への不安は消えません。

ではどうすればいいのか？

それは成長することです。
昨日よりも今日、今日よりも明日と成長すること。

毎日、自分を成長させることができれば、
「最高の自分」になっていきます。そうすれば夢もかなうし、
結果的に素敵な未来が待っているはずです。

成長するためには、どうすればいいか。
それには「毎日を本気で生きる」ことが大切です。

では、本気で生きるにはどうすればいいのか？

その答えが「終わりを決める」ということなのです。

終わりを決めるから、日々を本気で過ごすことができる。

本気で過ごすことができるから、毎日成長でき、

結果的に夢がかなうというわけです。

終わりを決めれば、夢はかなう——。

まだ、ピンと来ていない人もいるかもしれません。
詳しくお話ししていきましょう。

はじめに

「このお店は1000日営業したら閉店します」

ぼくの仕事は、ラーメン屋です。

31歳のとき、地元の大阪にラーメン店「鶴麺」をオープンしました。その3年後には、2号店「らぁ麺クリフ」を開店。

どちらも連日行列のできる人気店となり、テレビなどにも多く出させていただきました。

そして、２０１８年42歳の春――。

アメリカのボストンに「鶴麺デイビス」を開店しました。

おかげさまでオープン以来話題となり、地元の新聞にも1面に取り上げてもらいました。「行列に並ぶ」という文化に馴染みのないアメリカでも「行列店」となり、雪の降る寒いなかでも、ぼくのラーメンを食べるために多くのお客さんが並んでくれています。

この「鶴麺デイビス」は、ちょっと変わったお店です。

それは「1000日営業したら閉める」と決めていることです。

すでに閉店する日が決まっているのです。つまり「終わり」を決めたうえで営業しているわけです。


なぜ、1000日と決めているのか？

よくマーケティングや話題づくりとしてやっていると思われるのですが、そうではありません。「期間限定」や「ポップアップショップ」で注目させようとしているわけではないのです。

終わりを決めるのは、「自分を本気にさせるため」です。

みんな勉強や仕事で「締め切りがあったからお尻に火がついて本気になることができた」という経験があると思います。終わりが見えないと、どうしてもダラダラしてしまいます。だからぼくは、受動的な「終わり」ではなく、積極的に自ら「終わり」を決めて、本気の1000日を過ごしているのです。


本気でやることは、つらいことだと思われがちです。

でも実際は違います。

本気でやることは「楽しい」ことです。もちろん体は疲れるのですが、メンタルはものすごくスッキリしています。毎日に張りが生まれますし、今のぼくは最高に楽しい毎日を過ごしています。

本気でやるからこそ楽しむことができるようになるのです。ぼくは自分が「今を楽しむ」ために、あえて終わりを決めているのです。

未来が見えない時代だからこそ1000日に集中する

終わりを決めているのは「自分が成長する」ことにフォーカスするための仕掛けでもあります。

ぼくはつねに「結果ではなく、いかに成長するか」にフォーカスしています。

なぜ「成長」にフォーカスするのか？

それはまわりまわって未来の自分を助けるからです。成長こそが将来に対する何よりのリスクヘッジであり、楽しく生きるコツだということです。成長にフォーカスすることで、将来への不安をなくす。もしくは「成長する自分を楽しむ」ことによって、将来の不安について考える時間をなくすことが大切なのです。

「1000日営業」という数字にも意味があります。

これがたとえば「1万日後に閉店する」だったらどうでしょうか？　ちょっと遠すぎて実感が湧きません。「あと1万日あるから、まあいいか」となります。逆に「100日」だと近すぎます。もちろん終わりを設定しないよりはいいのですが、短いのでスケールが小さくなりがちです。

「1000日」というのは、近すぎず遠すぎず。終わりを実感しつつも、ダイナミックなことができるちょうどいい日数だと思っています。

「この日数であれば、毎日を楽しみながらがんばれそう」。そう思える日数を自分で探ってみてもいいかもしれません。

先の見えない時代、多くの人が将来を不安に思っています。

なるべく先のことを考えながら「貯金をしたほうがいいのかな？」「副業をやったほうがいいのかな？」などと考えながら過ごしています。

ただ、これだけ変化の多い時代に、10年も20年も先を見据えて生きるのは無理です。会社も終身雇用ではなくなりつつあります。世界の状況も日々刻々と変わって、誰も予測できません。

そんななかで「将来のことを考えながら生きなさい」「きちんと老後のことを考えなさい」と言われても、どうすればいいかわからない人が大半でしょう。結局、日々をダラダラと過ごしながら、不安な状態がずっと続くだけなのです。

「これからどうなるか」より「これからどうしたいか」

ひと昔前であれば「先見性を磨いて、計画的に生きる」ということも大切だったでしょう。でも今の時代、それはそうとう難しいことです。

10年前に、今の状況を予想できたでしょうか？　老若男女がスマホを使いこなし、スマホで動画を見て、ＳＮＳに没頭する時代――。そんな世界を予想できるはずがありません。「先見性を持つ」ということは、今の時代ほぼ「ギャンブル」のようなものになってしまうのです。

「まわりがどうなるか？」とただ不安を抱えているだけで「待ち」の姿勢でいては、

何も動けません。

ボーッとしているあいだにも、どんどん時代は動いていき、取り残されてしまいます。

最近成功している人は「これからどうなるか」なんて考えていません。むしろ「これからどうなるといいか」「これからどうしていきたいか」を考えています。未来を予測して動くのではなく、自分が実現したい世界とはどのような世界なのかをしっかり考えています。その大きなビジョンに対して、自分の特性を活かして貢献することが成功につながるのだと思います。

１０００日後以降のことは考えない

よく聞かれるのが、こんな質問です。

「じゃあ、１０００日後になったら、どうするの？」

ぼくはこう答えます。

「それは１０００日後に考えます」

１０００日後以降のことは１０００日経ってから考えればいいのです。今は考えない。今は「今の成長」にだけ脳を使えばいいのです。

１０００日後、もし弟子が育っていたら弟子に引き継いでもらうかもしれないし、ボストンでもっとラーメンをつくりたいと思ったらまた仕切り直しで一からラーメンをやればいい。もしかすると、ラーメンではなくまったく別の仕事に興味を持っているかもしれない。１０００日後の状況は、今のぼくにはわからないので、そのときの感情に従えばいい。そう思っているのです。

ボストンのお店の開店初日から４００日以上が経っていますが、ぼくの脳内には「今日のラーメンを昨日よりもおいしくする」ということしかありません。「今日がんばる」というのを毎日繰り返していたら、少しずつでも「成長」するはずなのです。

ちなみに「鶴麺デイビス」では、２００日でメニューを変えます。２００日ごとにテーマを決め、２００日が経ったらそのラーメンは「終わり」をむかえます。

今、チャレンジしているのは「ワンタン麺」です。だから今は「このワンタン麺を昨日よりもおいしくするにはどうすればいいか？」しか考えていません。そのラーメンをつくり始めてから２００日後にいちばんおいしい状態になっている。日々変化、成長しているのがうちのラーメンなのです。

２００日経ったら、そのラーメンは販売を終了します。

そのころには、ラーメンはいちばんおいしい状態になっているので、人気のメニューになっています。前回は1時間半待ちの大行列になりました。しかし、そのラーメンをその時点でやめてしまいます。

ぼくは、物事すべて終わりがあるからこそ輝きが増すと思っています。その瞬間にしか存在しないからこそ、より輝こうと努力するのです。

そのまま販売を続けたら、売り上げ的には安定するでしょう。経営も安定します。ふつうに考えて「行列のできるラーメンをやめる」なんてことはありえない。当然、多くのラーメン店は、そのメニューにずっとすがりたくなるはずです。でも、時が経つにつれ時代も変わり、どんな素晴らしいメニューも古くなり、それにだけずっとすがっていたらお店もだんだんダメになっていきます。自分が「成長」しないからです。

２００日でやめる。そしてまた新しいラーメンをつくる。

２００日続けたことを一回やめて、またゼロから始めるのです。

すると４００日目、つまり「一回やめて新しく始めた自分」は「２００日目でやめずにそのまま続けた自分」よりも絶対に「成長」しているはずです。

もちろん次の新しいラーメンづくりの苦労に対する不安や恐怖はあります。

しかし、人間は楽な環境や安全圏に身を置くと進化を止めてしまう動物です。

そこで、自ら安全圏から外に出て、逆に厳しい環境に身を置けば、生き残るために成長し、進化します。

それを5回繰り返したら、１０００日後には、ぼくは「世界のどこへ行っても行列のできる職人」になっているというイメージでやっています。

だから、１０００日後なんて考えなくていいのです。ヨーロッパに行こうがドバイに行こうが行列をつくることができるくらいの実力を１０００日間かけて身につけるという心構えでいます。

ぼくはそもそも「なまけもの」です。夏休みの宿題を8月31日の夜から始めるような「めんどうくさがりや」の少年でした。

でもそんなぼくでも、この「今を生きる」思考法を身につけてからは、物事を後回しにせず努力ができるようになり、成長できるようになりました。そして、命を燃やして生きているという充実感のある人生を送れるようになりました。

仏教の時間の概念のひとつで、最小単位を表す「刹那」という言葉があります。人生１００年時代と言われる今、この「刹那という極めて短い時間を大切に生きる」ことこそ、長い人生を後悔せずに生き抜くヒントなのではないかと思います。

繰り返しますが、先の見えない時代の、究極の生き方は「今を生きる」ということです。そして、今を生きるための装置が「終わりを決める」ということなのです。本書は、現代を思い切り楽しく生きる究極の考え方だと信じています。

一人の「ラーメンバカ」の本かもしれませんが、偶然これを読んだあなたの一度きりのかけがえのない人生のお役に立つことができれば、著者としてこんなにうれしいことはありません。

目次

第1章 夢をかなえるたったひとつの方法

第2章

「今を本気で生きる」のは最高に楽しい

第3章

自分の人生のルールは自分で決める

第4章

なまけないための「仕組み」をつくる

第5章

「2人目の理解者」がチームづくりの鍵

第6章

お金のことを考えないときがいちばん儲かる

第1章

夢をかなえる たったひとつの方法

「未来」のために「今」を犠牲にするな

このご時世、多くの人が30年後、40年後を心配しています。

「日本経済はどうなるんだろう？」

「年金はどうなるんだろう？」

「自分の会社はどうなるんだろう？」

そうやって不安に思いながら、過ごしています。


もちろんぼくもそうやって不安に思いながら過ごしてしまうこともありますし、心配してしまうのが人間だとも思います。

しかし、心配しながら過ごしたところで、明るい未来はやってくるのでしょうか？


不安に思いながら毎日を過ごすことで、今というかけがえのない大切な時間を薄めてしまっているような感覚になることがあります。

未来のことを考えるからこそ、今を大事にしなければいけない。

未来のためにも、今の密度を濃くする生き方をしなければいけません。

多くの人の生き方は、悪い言い方をすると「将来のために今を犠牲にしている」生き方です。

大企業の会社員のなかには「ここにい続ければ給料がもらえるから」という理由で会社に留まっている人がいます。たしかに将来の不安は少し減るかもしれませんが、一方で今の自分の時間は犠牲にしてしまっているのです。

今をおろそかにすると何がダメなのでしょうか?

将来のために今を我慢して過ごしていることの何がダメなのでしょう?

それは「自分の潜在能力を発揮できない」からです。未来のことばかりを考えてしまい、今このときを生きていなければ、その人の本来持っている才能や特性が発揮できるわけがありません。

自分の潜在能力を発揮する方法は他にもありますが、まず「今を最大限に楽しむ」ということから始まるのではないかと思います。未来のことは、成長しているであろう未来の自分に託して、今は今の自分に神経を集中させなければいけないのです。

将来を心配するのではなく、今の成長にフォーカスすることこそがいちばんの「リスクヘッジ」になります。

実は、いちばんこれが「安全」な生き方なのです。

10年後20年後の未来を案じ、どれだけ先を見据えていたとしても、予想している未来自体が変わってしまうかもしれません。それなのにどうしても不確実な未来の心配をしてしまうのです。なんとなく頭でわかっていたとしても、未来への不安が強すぎて、その気持ちに引っ張られてしまうのです。

「会社にこのままずっといれば給料がもらえるからなんとかなる……」
「きっと会社はつぶれないし、退職金もいずれはもらえるし……」

そう思っているあいだは、全然成長できません。

30代、40代とまだバリバリ働けるときにこんな思考で縮こまってしまうのは本当にもったいないことです。

それでいいのでしょうか？

みんな「このままじゃまずい」とボンヤリ思っているのかもしれません。危機感があるのであれば、未来の退職金のために今を犠牲にする生活から飛び出してみましょう。そうすることで今の自分が変わり、未来を変えることができるのではないかと思います。

POINT

「不安」は未来を1ミリもよくすることはない

「変化を楽しめる」人が最強

うちのお店では、２００日に一度、メニューを変えてしまいます。どんなに人気のラーメンであっても、２００日経ったらメニューから外してしまうのです。「２００日に一度、変化を繰り返し続ける」なんて、ふつうの経営論的に言えばとんでもない話でしょう。

ふつうは逆のことをします。つまり、看板メニューを生み出すためにがんばって、看板メニューが定着してきたら、いかにしてその看板メニューを維持するかを考える。

でも、それは最高に楽しいことでしょうか？

できたものを守り続けるのは楽ではありますが、楽しいことなのでしょうか？

ぼくはそうは思いません。なるべく変化をしないように維持することに、ワクワクは１ミリもないのです。

「変わり続ける」ことを楽しめるやつがいちばん強い。ぼくはそう考えます。特にこれほど変化の大きい時代には、自ら変われない人は危険とすら思います。恐竜が生き残れなかったのも、変われなかったからです。

人がみんな、なかなか「変われない」のはなぜでしょうか？

人間はそもそも、変わることを怖がるようにできています。変わらないほうがいいと思うようにできている。「変わることを楽しめ」というほうが難しいのかもしれません。頭ではわかっていても、実際には動けない人が多いのです。だからこそ「変わることを楽しむ」ことができたら、メチャクチャ強いのです。積極的に変化に飛び込むことができて、さらにワクワクできる人が最強なのです。


毎月同じ額の給料を淡々ともらい続けるのは楽です。

何も考えなくていいからです。

それを断ち切るのは、麻薬の常習者が急に麻薬をやめるようなものかもしれません。そりゃ不安にもなるでしょう。それが10年、20年と続いていれば、かなりの常習です。それはなかなか抜け出せません。

給料というお金だけではなく、「月に一度の安心」という脳への報酬も一緒にもらっている。それがなくなるのはとても怖いと思います。

でも、その状態こそが危険なのです。

ぼくは大学を卒業してから3年間、自分の親が経営する会社で働いていました。でも、あまり充実したものではありませんでした。親の会社だからか、遠慮のようなものを感じていた3年間でした。

「自分がぜんぜん成長していないし、マズいな」ということに気づいていました。

ぼくは3年で親の会社を辞めることを決めました。あのときに決断せず、そこから10年い続けたら、やめるのが難しくなっていたかもしれません。

自分で商売をし始めたのは29歳のときです。

はじめて自分で店を持ちました。居酒屋を始めたのです。

そもそも「ラーメン屋をやろう」と思って、お店を始めたのですが、ラーメンづくりの修業経験がなかったのです。よって、最初はお酒とおつまみのメニューも出していて、さらにラーメンがあるという変な店でした。

そこからどんどん居酒屋メニューを減らしていき、最終的にラーメンだけにしたのが1年後のこと。「ラーメン専門店」として再オープンしたのは、31歳のときでした。

居酒屋は居酒屋でそこそこうまくいっていました。だから「ラーメン屋にする」と言い始めたときは、まわりから反対されました。

居酒屋としてやってきた期間はある意味無駄になってしまいますし、お店をリニューアルすれば、当然お客さんも変わります。みんなお酒を飲みに来ていたわけです。せっかくの「常連さん」も離れます。

「お店をリニューアルする」ということは、「お客さんもリニューアルする」ということ。結局また一からのスタートになるのです。

生ビールやお酒のアテになるメニューは出さないと決めました。生ビールのサーバーをはずして、ラーメン一本に絞るのです。生ビールで生計を立てていたのが、ラーメンで生計を立てていくことになる。

ふつうに考えれば、みんな反対するでしょう。でもぼくは変化することを選びました。居酒屋をやりたいと思って独立したわけではないからです。自分がよりワクワクするほう、より成長できるほうを選ぶ。

今になって考えれば、そのころから「変化を楽しむ強さ」があったのかもしれません。

「変化を楽しめる」能力は、これからの時代を生きるうえでとても強力な武器となります。変化を楽しめる人は本当に最強なのです。

POINT

変わらないと滅びる

自分なりの「成功」を定義せよ

ぼくのゴールは「最高に今を楽しむ」状態をつくることです。

それがぼくなりの成功の姿です。

みんな「ラーメン屋の成功」には固定観念があります。それは「ひとつの店が成功したら、次の店を出して、どんどん店を増やしていく」ということで、これが大成功のモデルケースだと思い込んでいます。

でもぼくは、それをゴールにするところから間違っていると考えます。それをゴールにすると「今」を犠牲にすることが多々あるからです。それでは本末転倒です。

より店を大きくする。より店を増やす。それによって楽しくない状態をつくり上げてしまう。それでは逆にぼくのゴールからは遠のいてしまいます。

ぼくのゴールは「最高だ!」と言える今をつくることです。そのことを強く世の中に伝えたいのです。


テレビ番組『情熱大陸』の撮影に臨んだときも、ぼくのマインドセットはそこにありました。

同業者の先輩も後輩も、みんな「一風堂さんや一蘭さんみたいなラーメン屋が成功だ。あれがゴールだ」と言いました。みんな「あそこを目指せ!」と。でも「違うよ。今の時代そうじゃないよ」とぼくは言いたいのです。

ビジネス的にも、規模が大きくなるのはリスクです。

小さなチームで、大きな仕事をする。それが今のビジネスの勝ち方です。

なのに、みんな規模を大きくして、１００人、２００人と雇う。そのリスクを楽しむことのできないぼくにとってそれは、もはやゴールでもないのです。

POINT

あなたにとっての「成功」は何？

「明日死ぬかのように生きる」のは難しい

「１０００日で終わる」と決めたほうが、終わりを決めていない人よりも本気になれます。

ゴールの決まっていないマラソンがあったとしたら、体力を消耗しないように抑えて走るでしょう。いつ終わりが来るかわからないから、ダラダラ走る人ばかりになるはずです。でも「10キロマラソンです」と決まっていれば、できる限りがんばって走るでしょう。終わりが決まっているほうが、絶対に本気度は勝るはずなのです。

ぼくは「１０００日やれば、終わる」というテンションで毎日やっているから、おのずと本気度も集中力も上がります。さらに楽しくもなるし、経験の「濃度」も上がるのです。

これは学校生活に似ています。

学校生活は決められた「終わり」があるから、あんなに楽しいのです。中学でも高校でも3年間で終わってしまうから、楽しかったと思う人が多い。終わるとき、「卒業したくない」と泣くくらいかけがえのない思い出になるのです。

いざ就職すると、みんな死んだ魚の目みたいになって「一生働かなきゃいけない」と思ってしまう。その考えが人間から「ワクワク」を奪ってしまいます。

ぼくのお店は中学や高校と同じくらいの１０００日です。この１０００日を終えるとき、学校を卒業したときのような思いになり、感動するかもしれません。


人生には限りがあります。

それなのに若いときはなぜか、永遠に生きられるかのようにダラダラと過ごしてしまいます。

本来、人生に限りがあるのなら、今やっている仕事も期限を決めて凝縮させるべきでしょう。それなのに、人はたいていなんとなくやって、いつの間にか寿命が来て死んでしまうのです。

スティーブ・ジョブズや孫正義も似たような話をしています。

ジョブズは「明日死んでもいいように今を生きろ」というようなことを言っています。死を意識したら、よりよい選択ができるという考え方です。

ジョブズはがんになり、孫さんも20代のときに肝炎で死にかけています。「余命何年です」と言われた経験から、そういった考えになったのかもしれません。

孫さんはダラダラ生きてはいないでしょう。なぜなら「明日死ぬかもしれない」

と強く意識できているからです。

ただ、ふつうの人がこの考え方をするには難しいものがあります。

彼らの言葉を「自分ごと」にできる人は、本当に死にかけた経験があるか、かなり死を意識できる稀有な人間だけです。だから本気になるのは難しいでしょう。

20代の人に「明日死ぬかのように今を生きろ」と言っても、なかなか実感できません。つい「死ぬなんて、まだまだ先だからいいっしょ」と思ってしまう。「死を意識しろ」というのは正論ですが、本能では理解しづらいのです。

だからこそぼくは「終わり」を意識するために、「死」ではなく「1000日」「200日」といった期限を決めているのです。

POINT

毎日「終わり」を意識せよ

「会社は3年で辞める」と宣言する

あなたが新入社員なら「3年で辞める」といったん決めてみましょう。

そして、本気の全力で走るのです。

一生この会社にいると決めているなら、全速力で走ってしまうと最後まで持ちません。会社を3年で辞めるつもりなら全速力でも走りきることができるでしょう。

そうすれば、同期より学びのペースも早くなり、成績もよくなるはずです。

さらに、いい役職に就くことよりも、自分の成長にフォーカスした毎日を送ろうとするでしょう。

これからの働き方は、期間を「刻む」ほうがいいと思います。200日、1年、1000日など、最初から期限を決めてカウントダウンをしていくのです。

うちの店にもカウントダウンのカレンダーを目につくところに掲げています。これを見て「ああ、あと○日だな。今日も意味のある一日にしよう！」となるのです。

会社員であれば「会社を辞めるまであと○日」というカレンダーを掲げておきましょう。すると一日一日をおろそかにできなくなるでしょう。

よく「人生は3万日」などと言われます。でも、そんなに多い日数を毎日カウントしている人は少ないでしょうし、寿命は人によっても違うからわからない。１０００日程度であれば、人間が意識して過ごせるくらいの数です。３万分の１日だと実感が持てませんが、１０００分の１、２００分の１なら「やばい、一日が終わっちゃった」という危機感を持てます。自分なりに危機感を持てそうな日数を決めておくといいでしょう。

もう「終身雇用」などと言っていられる時代ではありません。

先日もこれからの働き方をハーバード大の学生50人ほどに話したのですが、とても感動してくれました。

「今からみんなは就職すると思うけど、終わりを決めたほうがいいよ。終わりを決めていない同期と決めている君だったら、３年後の成果はどちらが挙がってるか？わかるでしょう」と。

よく「いつかは独立したい」「いつかはお店を持ちたい」などというセリフを聞きます。

ただ、そんなことをいくら言っていてもなんの効果もありません。期限を決めていないからです。

「いや、期限を決めても守れなかったらよくないから」と言う人もいますが、極端な話、期限を守れなくたっていいのです。

もちろん守るためにがんばるのですが、もし守れなくても命を奪われることはありません。根拠がなくても「２０２３年の1月に独立する」と決めればいいのです。それでもしかなわなくても「約束を破ったな」と罰を与えられることなんて、まずありません。

期限を決めるのは、本気になるためです。成果を挙げやすくするためです。

あなたが「3年後に会社を辞める」と宣言したとしましょう。

3年後に辞めることを念頭に仕事をめちゃくちゃがんばったとします。そして、3年経って「まだその会社にいたい」と思ったら、いればいいのです。

がんばっていれば、かならず成果は出ているはずです。何かしら注目はされているはずです。そんな結果を出した人間が「この会社にいる期間を延長します」と言えば、会社も上司も「そうか、ありがとう」となるはずです。会社やまわりから必要とされる人間になっていれば、「あいつは『3年で辞めます』と言っていたのに、結局辞めないウソつきだ」なんて怒られることは、ありません。

「一生ここで働こう」と思っている人は、ダラダラとゆっくり走るでしょう。でも「3年で辞めます」と言った人はつねに全力ダッシュできるのです。

そういう人が3年後に勝っているのは目に見えています。「3年本気でやってみて結果が出たので、まだこの会社にいたいです」と言えば「お前辞めろ」と言う人は現れません。

もしそうなったとしても、他に行き場所はいくらでもあります。それだけ本気でやって、結果を出した人であれば、あちこちの会社から声がかかるでしょう。どちらにせよ選択肢が増えるのです。「いる」か「やめる」か、3年後に決めればいいだけなのです。

もし3年で辞めると言って辞めないことが気になるのであれば、最初から「まずは、誰よりもこの会社で成果を挙げるために、本気になるために、3年間で辞めると決めているんです」と言っておけばいいでしょう。そういう姿勢で3年間をがんばろうとしている人であれば、かならず応援されるはずです。

ぼくも「１０００日で辞める」と決めていますが「１０００日経ったけど、やっぱりまだこの場所で店をしたい」と思えばまた新たに次の終わりを決めてやればいいとも思っています。人を傷つけたり、法律に違反するわけではありません。むしろボストンの人たちにはよろこばれるかもしれません。

すでにお客さんからは「１０００日で本当になくなっちゃうの?」“I miss you.”みたいに言ってもらうことも多くあります。うれしくて胸が熱くなります。期限を決めたことで、それだけ愛されているという実感を得ることができます。それが自分のよろこびになるのです。「一生やるよ」と言っているより、よっぽど楽しく生きられます。

たとえば「3年で会社を辞める」と決めたとしても、自分の中で決めるだけだとプレッシャーになりません。宣言をするほうが、本気度が上がります。口に出すことが最低限必要なことです。

いちばんいいのは、不特定多数の人に言ってしまうことです。「１０００日営業」は『情熱大陸』でも放送されたので日本中の人が知っています。これ以上効果の高い宣言はないだろう、というくらいの宣言です。

会社員であれば、不特定多数の人が見るであろう、ツイッターやフェイスブックなどのＳＮＳに投稿するのもいいでしょう。「ぼくは○年で会社を辞めます。そのために全力で毎日仕事します」と宣言すればいいのです。

ぼくのつくっているさまざまなルールは、最終的には「今を楽しむ」装置になっているのです。

POINT

すべては期限を決めることから始まる

期限は「直感」で決めろ

「3年後に会社を辞めて独立する」「1年後に自分のお店を出す」

　このように期限を決めておくことが大切だとお話ししました。

　では「3年後」「1年後」といった期限はどのように決めればいいのでしょうか？　ぼくは「1000日」がギリギリ毎日本気でがんばれる日数だと思ったのでそう決めましたが、もちろん設定は短くてもいいのです。

　とにかく一度決めてみることが大切です。期限は直感で決めればいいのです。この「直感」というのが実は大切だったりします。時間をかければかけるほど頭で考えすぎてしまうからです。頭で考えると「やらなきゃ」と思うようになります。すると本当に純粋な「やりたい」ではなくなってしまう。だからポンと出た数字をまずは言ってみてください。

「2年後、40歳になるまで」とか「次の誕生日の◯月◯日まで」というようにパッと決めてしまったほうがいい。

　そこで考え始めると「この日までに実現できるかな？」と悩んでしまいます。頭で考えすぎてしまうとワクワクしません。おまけに「それを達成できなかったときの言い訳」まで考え始めてしまいます。考えれば考えるほど動けなくなっていくのです。直感で出てきた数字のほうが絶対にワクワクする。結果的に、達成率も上がります。

直感がいちばん自分から出た言葉というか、自分の思いです。根拠も何も必要ありません。むしろ、ないほうがいいのです。試しに今ここで直感で言ってみてください。いちばんワクワクする期限がすぐに見つかるはずです。

今でこそこんな話をしていますが、もともとぼくはなまけものです。

夏休みの宿題はいつも最後の日にやるような子どもでした。「30日後に始業式だから、今を生きる！」みたいな人間ではなかった。本当にダラダラと過ごしていました。

ただ、期限を決めるクセをつけるようになってから、そんなことはなくなりました。「自分はなまけもので、ダラダラと過ごしてしまう人間だ」ということが自分でわかっているからこそ、こうした仕組みをつくっているのです。

POINT

今すぐ期限を決めよう

「〇〇したら〇〇しよう」と言う人は一生動かない

「営業部でトップの成績をとったら独立しよう」とか「300万円貯金できたらお店を出そう」などというセリフもよく聞きます。

ただ、これも言い訳です。

「○○ができたら～」という考え方には、主体性がありません。「じゃあ、それはいつなの？」と聞くとだいたいの人が黙ってしまいます。そこに意志がないからです。

「トップになったら」と言っても、放っておいたら勝手にトップになるわけではありません。自分ががんばらないことにはトップになれるはずがない。順番が逆なのです。

大切なのは「3年後にトップになる」と決めることです。そこには明確な意志があります。考え方の順番を変えるだけで、まるっきり違うものになります。「英語をしゃべれるようになったら、アメリカで起業する」ではなく「2年で英語をマスターして起業する」。「1000万円貯まったら起業する」ではなく「3年で1000万円貯めて起業する」ということです。期限を決め、考え方の順番を変えるだけでまったく違ってくるのです。

「いつか〇〇する」という宣言も、宣言していないのと同じです。

「夢は起業することです」「いつか自分のお店をつくりたい」では、何も言っていないのと同じようなもの。そこに「期限」が入るだけでぐぐっと現実味が増してきます。

「２０２２年の４月までに出版社をつくる」「２０２３年の10月までに渋谷にお店を出す」など、期限が入ることで本気度が伝わります。それをＳＮＳに書けば、思わぬ援軍が現れたり、いい情報が集まってきたりするでしょう。「手伝いたい」という人も出てきます。

「期限」があると、まわりの反応が変わります。そこにあなたの「決意」が見えるからです。

POINT

「〇〇したら～」「いつか～」は禁句

「いつでも会える」は、
ずっと会わない

フランスのノートルダム寺院も、沖縄の首里城も、火災で一部焼失してしまうとわかっていたら、もっと多くの人が見にいっていたでしょう。火事になってしまってから「あー、見ておけばよかった!」と言い始めるわけです。

みんな「いつか見にいこう」と思っています。でもその「いつか」は永遠に来ないのです。

オーストラリアのエアーズロックも「いつか登ろう」と思っていたら登れなくなっている。富士山も「いつか登ろう」と言っているうちに火山活動が始まって登れなくなるかもしれません。とにかく「いつ」を決めないとダメなのです。

ぼくは基本的にボストンで仕事をしています。

だから日本の友だちには、日本にいる短いあいだにしか会えません。だから「今度いついつに日本に帰るから会おうよ」と会いたい人を誘います。意外と日本に帰ることは多いので、結局年に5回くらい会っていたりします。

もしぼくがずっと日本にいて「いつでも会えるな」と思っていたら、2年くらいは誘わないかもしれません。ほとんどの人が、会いたいけれど何年も会っていない人がいるでしょう。それは「いつでも会える」と思っているからです。でもぼくの場合は、みんなも「大西くんがボストンから帰ってくるから会を開こう」と飲み会を開いてくれたりします。結果的に、ずっと日本にいるよりもたくさん会えることも多々あります。

「いつでも会える」と思っていると、なかなか会わないものです。そうこうしているうちに、お互い年をとってしまいます。

昨年の3月、母と2人で温泉旅行に行きました。父が死んで以来、母は3年間一人、大阪に住んでいました。「いつでも会えるわけではないから、3月に帰国するときに温泉に行こう」と言って旅行に行ったのです。

この話をすると「親孝行ですね」とか「2人で行くなんて仲いいですね」とあちこちから言われました。でもぼくは、親孝行をするチャンスが少ないのです。孫もアメリカにいるのでなかなか会わせてあげられない。1年に1回会えるかどうかです。チャンスが少ないからこそ、いつでもできないからこそ、「旅行に行こう」と決めることができたのです。

うちのお店は、２００日ごとにメニューが変わります。

そうなると「いつか行ってみたい」という人も減るはずです。なぜなら「大西さんのあのラーメンがおいしそうだからお金を貯めていつか行こう」と言っているうちに、そのラーメンはなくなってしまうからです。

しかもお店自体も１０００日後にはなくなります。「いつか行こう」と思って忘れていたら、店はなくなっている。ハワイのとき（66ページ参照）は終わりを決めていませんでした。日本の友だちも「いつか行くよ！」と言ってくれたのですが、やはりほとんどの人が来ませんでした。

形あるものはいつかなくなります。みんなそれに気づいていないし「まだ大丈夫、まだ大丈夫」と思っている。そうこうしているうちに、寿命が来てしまうのです。

POINT

会いたい人には、今連絡しよう

第2章

「今を本気で生きる」のは最高に楽しい

意気揚々とハワイに出店し大失敗

大阪に「鶴麺」をオープンして、なんとか繁盛させようとしばらくがんばっていました。いろんな人に話を聞いたり、日々改善して努力を重ねて、なんとか2年くらいで繁盛店にすることに成功しました。

テレビにも出て注目され、そのあと2店舗目も軌道に乗りました。

そこでぼくの悪いクセが出てしまったのです。

ランチタイムの営業が終わったら、あとはスタッフに任せて、毎日自由に飲み歩いていました。「おいしいものを食べ歩くのも、他店視察の勉強だ」という自分のなかでの言い訳もつくっていました。「年間６００軒、飲食店に行くぞ」と決めました。でもそれはまさに「言い訳」で、本音では食べ歩くのが大好きで遊びたかったんです。毎日食べ歩いて、お酒を飲んで、先輩や後輩や店主仲間と遊んでいました。クラブに行ってシャンパンをあけたりしたこともあります。

もともと意志の強いほうではないとわかっていたのですが、29歳で起業して、そこから2年で繁盛するようになると、自分のチャラくてダメな部分が出てきてしまいました。

「これって自分の人生でやりたいことなのかな……？」と思いながらも、2年間ずっとランチタイム以外は弟子に任せて快楽を求める生活をしていました。すると、やっぱりだんだん手応えのない日々に物足りなさを感じてきました。

次に目をつけたのがハワイでした。「ハワイでお店を出そう！」と思ったのです。ぼくは小さいころからアメリカ映画が好きで「アメリカに住みたい」と思っていました。「ハワイにお店を出せば、日本と行き来できるし、最高だな！　お金も儲かっているし、うまくいくだろう」という甘い考えでハワイ出店を決めるのです。

貯めた１５００万円を持って、自信満々でハワイへ乗り込みました。

ただ、現実はそう甘くはなく、お客さんはぜんぜん来ませんでした。ただ、せっかくハワイでお店をやっているのだからと、たまにサーフィンをしながら気楽に構えていたのです。

しかし、一向に状況はよくなりません。**ぼくは一生懸命「言い訳」を探しました。**「言葉の壁があるから仕方ない」「文化の違いだから客は入らなくて当然だ」「そもそも気温の高いハワイでラーメンはウケないんだ」などなど。結局そんな言い訳をしながら、持っていった１５００万円の資金と追加資金の５００万円はみるみる減っていきました。

そんな状況は2年間続きました。ハワイでぼくがサーフィンをやりながらお店をダラダラやるあいだに、日本のお店の売り上げも下がっていきました。ハワイのお店にかけたお金はまったく回収できない状態になっていました。

体調も悪くなってきました。

神経痛で首が回らなくなることもありました。「借金で首が回らない」とよく言いますが、本当に文字どおり首が回らなくなったのです。ごはんも喉を通らないどころか、お酒も飲めなくなりました。食道炎と胃潰瘍になったのです。あぶらっこいもの、ピザとかも当然食べられない。お酒もまったく飲めない。そんなことが1年間近く続きました。10キロくらいやせてしまい、人に会うと心配されるくらいでした。

ハワイ生活の後半は、まさに「どん底」でした。

POINT

失敗する人は「言い訳」を探す

ノースカロライナで、さらなる「どん底」へ

ハワイで打ちのめされ、財布もすっからかんになりました。大失敗でした。

しかし、悪いことは続くもの。失敗はこれだけで終わりませんでした。

ぼくをさらなる「どん底」が待ち構えていたのです。


ハワイでの失敗をなんとか取り返さねば――。

そう思っていたとき、年配の投資家の方がお店にやってきました。ぼくのラーメンを食べるなり「お店を一緒にやってみたい」と言います。ぼくがちょうどお店をそろそろ諦めようかと思っていたころでした。

正直ぼくはあんまり乗り気ではありませんでした。ただその人は、ノースカロライナで30店舗くらい日本食レストランを経営してきた方でした。アメリカに帰化した元日本人で、今は投資をしながら隠居生活をしていると言います。

「その人と組んで、アメリカの経営を学ばせてもらおう」

ぼくはそう思い直しました。

プライドも捨て、1年間雇われ社長をすることに決めたのです。「鶴麺」という看板も捨て、ハワイのお店もクローズしました。

かくしてノースカロライナでの「雇われ社長」生活が始まりました。

雇われ社長と言いつつも、オーナー権も渡してもらいました。ぼくは1円もお金を出さずにお店をやらせてもらえることになったのです。

ただ、それでも投資家あっての経営です。オーナーとはいえ投資家の言うことは聞かざるをえない。これが落とし穴でした。

結局、自分のやりたいことはできず、8ドル50セントほどの安いラーメンを出すような日々。投資家からは「もっと数を売ってほしい」と言われます。

しかも投資家の予測は、ことごとくはずれていました。「これからノースカロライナでラーメン屋が流行る」という予測がそもそもはずれていたし、オープンするときにお金もかけすぎていました。まわりの物価に合わせていたので、ラーメンの値段も安く提供せざるをえなかった。ほどなくして「あ、これはうまくいかないな」と確信しました。

ぼくはお店の株を半分持っていました。責任あるオーナーです。一方で、自分のやりたいことはやらせてもらえなかった。つまり「責任」と「権利」のバランスがおかしかったのです。オーナーとしての責任はあるのに、自由にやる権利はなかった。ぼくの方針に対して「それはダメだからこうしなさい」と投資家から言われる日々でした。

「どうがんばっても、成功しようがない」

ぼくは「辞めよう」と思いました。そもそもノースカロライナに住みたいと思ってもいませんでしたし、その場所を選んだのは自分じゃない。だから、ぼくはこのお店を去るべきだと思ったのです。

結局、ノースカロライナのお店は1年で離れることになったのです。

ノースカロライナ時代も言い訳ばかりしていました。

環境が悪いから、とか。「こうしろ」と言われているから、とか。最終決定権は持たされていないから、とか。**いくらでも言い訳が出てきた。よって、まったく今を楽しむことができなかったのです。**

POINT

言い訳しているうちは今を楽しめない

ぼくはボストンで夢をかなえる

ノースカロライナのお店を辞めて、やることがなくなりました。日本に帰ることも考えたのですが、ここで日本に帰ってしまうとビザの関係でアメリカにすぐに帰ってこられません。

結局その後2カ月くらいは、アメリカで仕事をしない状況が続きました。家でボーッとして、学校が終わる時間に子どもを迎えにいき、一緒に帰ってくる。そのころ、ストレスで体調も悪かったのでジョギングなど体を動かすこともできません。近所をちょっと散歩するくらいです。

あのとき日本に帰っていたら、どうなっていたでしょうか？　もちろん帰る場所はあったし、今でも大阪でラーメンをつくっていたかもしれない。でも、今の自分はなかったでしょう。腐っていたかもしれません。

このタイミングで日本に帰ってはダメだ、とぼくは思っていました。もう一度、もう一度だけ、アメリカでチャレンジをしてかならず成功してやる。そう思っていたのです。

ぼくは、ニューヨークやボストンを見に行くことにしました。次のチャレンジをする場所を探すためです。

ニューヨークに着いて、いろいろ見て回りましたが、肌が合わないなと思いました。「スピードが早すぎるし、ドライだし、どうも疲れてしまう……」。そのあとボストンを見に行くと、その余裕のある空気感が好きになりました。

「あ、ここでお店をやってみたい。住んでみたい」

素直にそう思いました。

そして縁もあって、ボストンでレストランを経営している人たちと仲よくなることができました。その人たちの魅力もぼくがボストンを選んだ理由のひとつでもあります。

家族を残してボストンに引っ越し、お店の物件を探すことにしました。いろいろ探し回っているとき、KAZUさんという日本人の経営者が店を移転するという話を聞きました。その場所を見に行くと素敵な場所で、ぼくは「この場所を引き継ぎたいです」と伝えました。契約をし直して、そのお店に居抜きで入れることになったのです。

単身ボストンに引っ越したのが4月。

8月にいったんノースカロライナへ帰り、妻と子どもを連れて2日間かけてボストンまで引っ越しすることにしました。しかし、引っ越し業者に頼むことはできませんでした。見積もりを取ってもらったら100万円くらいすることがわかったからです。「これは、自分たちでするしかない」。そしたらなんと、KAZUさんがボストンからノースカロライナまで手伝いに来てくれたのです。今でも感謝しているぼくのボストンでの恩人の一人です。

朝早くに出発して、フィラデルフィアで1泊。途中ニューヨークを通って、ボストンには夕方くらいに着きました。

異国の地で、無職。自分たちだけで引っ越しをして、その先どうなるかわからない。もちろん不安だらけではありましたが、そのころには**夢のほうが大きくなっていました。「自分の思いどおりにチャレンジできる！」　そのワクワク感のほうが勝っていた**のです。

POINT

自分の意志で動くと楽しい

人は「本気でやらなかったこと」に後悔する

ノースカロライナのお店を辞め、2カ月くらい悶々としながら考えていたことがあります。

それは「なぜ、ハワイでの失敗を後悔しているのか？」ということです。

そこを突き詰めていくと「失敗したこと」ではなく「本気じゃなかった」ことに後悔しているのだ、と気づきました。

ぼくはハワイでサーフィンをしながらお店をやっていました。お店を本気でやっていなかったわけです。当時はお店がうまくいっていないことに対して、いろいろな言い訳を用意していました。「サーフィンしながら自由にお店をやってるんだから、失敗してもしょうがないよね」という思いがどこかにあった。

ハワイで失敗したことよりも、本気でやっていなかった自分に後悔していたのです。だからずっとモヤモヤしていたわけです。

そこからは「死ぬほど本気になるにはどうしたらいいか」ということを考え始めました。スティーブ・ジョブズや孫正義の考え方を学んだのもそのころです。

ただ、純粋に死を意識して行動するというのは、現実感がなくて自分には難しいと思いました。そこで「終わりを決めよう」という発想が生まれました。

「1000日なら死ぬ気でがんばれるか？」と自分に問いかけたら「がんばれる」と。「じゃあ、次の店は1000日だけやってみよう」と思いついたのです。

これが「終わりを決めたら、より本気になれる」という考えが生まれた瞬間です。「本気になるための装置」として、終わりを決めることにしたのです。

ハワイ時代が人生の中でいちばんつらい時期でした。

朝はサーフィンをしてから出勤し、店を開けてもお客さんはまばらです。「ハワイだから熱いラーメンなんて食べないよな」「観光客が来るシーズンしか忙しくならないよな」「ローカルの人たちは外食なんてあんまりしないよな」などと、失敗したことの言い訳ばかりをしていました。

そうやって自分を慰めてばかりいたのです。でも、そういう日々を後悔することになります。

言い訳をしていたけど、本当にそうだったのか？　朝からサーフィンなんてしていないで死ぬ気でその店をやっていたら、もっと納得いくようなことができていたかもしれない。それをやらないまま終わってしまった2年間でした。

「サーフィンしながらラーメン屋のオーナーをやっている」というと聞こえはよくてかっこいいかもしれません。でも、自分のなかではすごくかっこ悪いことでした。結果や中身が伴っていなかったからです。「本気の１０００日」を過ごしている今の自分のほうが、断然かっこいい。

人間、本気ではないときに限って言い訳を考えるものです。言い訳だらけになる。でも本気のときは、言い訳を考える暇もないくらい夢中になります。もし、今あなたが「言い訳」を考えているとしたら、本気ではない証拠でしょう。まず終わりを決めることから始めることをオススメします。

POINT

「本気」は楽しい

かっこよくおもしろく冒険する

ボストンでお店を開く前に自分の理念も決めました。

「かっこよくおもしろく冒険する」です。


まず、「かっこよく」。

たとえ見た目がかっこよくても、それだけでは逆にかっこ悪い。

「かっこよく」は、中身や結果が伴ってはじめて言える言葉です。

もちろん「まじめで誠実である」ことも大切です。ただそれは、あたりまえのこと。それだけじゃ人生つまらないなと。まじめで誠実であるうえに「かっこいい」を目指すからこそ、エネルギーが湧いてくるのです。

「まじめで誠実な人ですね」と言われても、パワーが湧いてくるほどうれしくないでしょう。でも「かっこいい」と言われれば、パワーが湧いてきます。「かっこいい」は最強の褒め言葉なのです。つねに「かっこよくありたい」という思いががんばる力に変わります。


次に、「おもしろく」。

ボーッとしていても、おもしろいことが降ってくるわけではありません。毎日おもしろいことが自然に発生するわけでもありません。基本はこの世界におもしろいことはそうそうない。だから自分から「おもしろくする」必要があるのです。

おもしろくもなんともないことを、ただ「おもしろくない」と言ってしまったら、つまらない日々が続くだけです。そうではなく、自分からおもしろくしていけばいいのです。

最後の「冒険する」はそのままなのですが、**自分が80歳、90歳、１００歳まで生きたとして、死ぬ前に「平凡な人生だったな」ではなく「めちゃくちゃ冒険した人生だったな」と言って死にたいのです。**

ぼくは意志が弱いところがあるので、こうした言葉の力を借りることで、実際にそうなっていけたらいいなと思っています。自分がちゃんと行動に移せているか、という確認のためにこうした「理念」を掲げているのです。

「かっこよくおもしろく冒険する」の先にある具体的な将来像は「外がマイナス15度でも行列ができるお店、ひどく暑い夏でも、雨が降っても、３６５日オープンしているあいだは行列が絶えないお店をつくる」ということです。

今はまだ行列がなくなってしまうときがあります。雪が降っても行列はできていますが、閉店までには途切れてしまうこともある。それをなくして、圧倒的に人気のお店にしたいのです。

言い訳はもちろんしません。お店は大学が多いエリアなので、大学が休みになると「今は夏休みだから仕方ないよね」と言いたくなります。でも、そんな言い訳をしている自分はすごくかっこ悪い。あらゆる逆境を乗り越えて、断トツでかっこいいラーメン屋になる。それが今のビジョンなのです。

ぼくは一切言い訳をせず、どれだけ雨や雪が降っていようが行列の絶えないお店をつくる、というビジョンを掲げています。天候や夏休みなどを言い訳にしながらお客さんが入っていないお店には誰も憧れないでしょう。ぼくはみんなが憧れるようなラーメン屋をつくりたいと思っているのです。

POINT

みんなが憧れるような「かっこいい」を目指そう

必死になっている人には
誰もかなわない

行列の絶えないお店をつくることをぼくは目標に掲げていますが、行列はコントロールできないものです。がんばれば達成できる、という保証はありません。それでも、目標にすることに意味があるのです。

結果は完全にコントロールできませんが、行列につながるものであればなんでもやる、ということが大切なのです。方法はいろいろあります。毎日イベントをやってお客さんが来るならそれもやるべきだし、SNSを使ってもいいでしょう。もちろん、賞をとったり、地元のテレビで紹介されたりすると、行列はできやすくなります。でもそういった不確定要素に期待して何もしないのではなく、とにかく「やれることはやる」姿勢が大切なのです。

プライドは捨てて、やりまくるほうがかっこいい。ぼくはそう思います。

逆に「プライド的に許せないからやりたくない」と言いながら暇な店をやっているほうがかっこ悪い。まさにかつての自分です。ハワイでサーフィンして、必死にならず、暇なラーメン屋をやっている。こんなにかっこ悪くて後悔することはありません。

プライドを捨ててでも、必死になってやっているからかっこいいのです。

最近なんとなく「必死になるのは、かっこ悪い」という風潮があるような気がします。ぼくにもそういう感覚がないわけではない。理解はできます。「必死になっている姿を見られるのはかっこ悪い」と。

でも、実はそうではなくて、その斜に構えた姿勢こそがかっこ悪いのです。ハワイで失敗して後悔してから、そう思うようになりました。必死にならず、結果が伴っていないことのほうが、よっぽどかっこ悪いと気づいたのです。

やはり、必死な人にはかないません。

必死な人はかっこいいし、誰がなんと言おうと脇目も振らずがんばっている人だからこそ、みんなが力を貸すわけです。

今、ボストンで働いている自分は、ハワイのときの自分とはまったく違います。日本にいたときとも違います。本当にだんだんと成長してきていることを実感しています。

「自分が輝けるところはどこなのか？」「自分が輝ける仕事はなんなのか？」そこを見つけることは大切です。そこがバチッと来なければ、命の時間を燃やし尽くすことができません。自分の命の時間を自分でどう輝かせるか。そこを考えることがすごく大切なのです。

ちなみに会社の理念は「おいしいものは人をしあわせにする」です。これは全人類に共通する原理だと思っています。人は誰でも、おいしいものを食べたらしあわせな気分になれます。ならば、ぼくのできることは、おいしい店をこの地球上に1軒でも多く増やすことです。それで全人類が少しでもしあわせになればいいと本気で思っています。

そのためには、ぼくに憧れて、ぼくみたいなラーメン屋やお店をつくりたいと思ってもらうことが必要です。そのために、ぼくの個人理念である「かっこよくおもしろく冒険する」があるのです。

POINT

プライドを捨てよう

ダラダラやるほうが、実は疲れる

必死にやれ。本気でやれ。

そう言っていると「そんなにがんばると疲れませんか？」とたまに聞かれます。

しかし不思議なことに、集中してすごくがんばっているとき、体力的にはちょっと疲れますが、脳はスッキリしている。そのほうがメンタルは疲れないのです。むしろ、ダラダラやったりあんまり必死でやっていないときほど、脳が疲れます。

結局のところ、「ストレスを感じる」状態がいちばん疲れるということなのでしょう。今はすごく体調がいいし、昔よりも寝ていないのに、すごく元気です。逆にハワイにいたころは、時間に余裕があったのに体調が悪くなったり、メンタルがしんどくなったりしていました。

「本気でやる」というのは、気持ちいいことなのです。

体は疲れても、脳が疲れない。だから元気になれます。おかげさまで、今はまさにそんな感じで過ごしています。

将来、これまで以上にメンタルをやられてしまう会社員が増えるのではないかと思っています。というのも、必死で働きたいのに残業はダメと言われ、家に帰らされてしまう。

一方、プライベートの時間や休日は増えます。ただ、そこで休日をうまく使えなければ、逆にメンタルが疲れてしまうのです。週休2日で、残業もダメで、「将来が不安だなあ」と悩む時間がすべてストレスになっていきます。

そういう状況を避けるためにも大切なのは、仕事でもなんでも必死でやることです。

仕事も遊びも、楽しければ自然と必死になれるはずです。楽しく必死になることを、「夢中」と表現したりもしますが、この「夢中になる」ということが疲れないためのいちばんの方法なのです。

POINT

必死でやれば疲れない

「儲かるかどうか」より「好きかどうか」

ぼくは市場調査をしません。

ボストンにお店を出すと決めたのは、市場調査をしたからではありません。「ここに住みたい！」と思ったからです。

お店がスタートしたら、毎日そこにいるわけです。市場調査をして「儲かる」とわかったとしても、商売は難しいので失敗することもあります。そうなったときにポイントとなるのは「成功するまで続けられるかどうか」です。もしそこが自分の住みたくないところだったら続けられないでしょう。

たとえば「ベトナムのハノイが今からくるよ。すごく儲かるよ。経済の成長率が高いから3年後にはえらいことになるよ！」と言われても、ぼくは、その国、その街に住みたいと思わない限りやりません。仮に商売が成功すれば、まだ報われるかもしれませんが、もしうまくいかなかったときにその街ではがんばれる気がしないからです。

どこに住みたいかを心で感じることです。頭で「儲かるだろう」と考えて選んでしまうと、しんどくなったときに踏ん張れないのです。

ボストンにラーメン屋を出して成功するのか？

ふつうに考えれば、「まあ、成功しないだろうな」と思う人が多いでしょう。でも、ぼくは実際にここまでの実績を出せています。

それは忙しくても暇でもこの街でやりたいというくらい好きだったからです。人間、才能やセンスの差は微差だと思っています。もちろんあるに越したことはないですが、それよりも「しんどいときに続けられるか」のほうが大きい。しんどいときに続けるためにも、基準は「儲かるかどうか」ではなく「好きかどうか」で決めるほうがいいのです。

よく「好きなことと得意なこと、どちらをやったほうがいいですか？」と聞かれます。ぼくは「好きなことをやったほうががんばれる」と思っています。**迷ったときは「ウォント（want）」で選ぶことです。つまり「〜したい」という思いを優先させたほうが最終的に勝てます。**最初は「それが得意な人」に負けるかもしれませんが、「それが好きな人」のほうが継続できるので最後はうまくいくのです。

しかも「得意なこと」で選んでも、負けることはあります。そのときは、好きでもなければ、プライドや自信も喪失してズタズタになってしまいます。ビジネスや

社会は、そうそう甘いものではありません。自分が「得意分野だ」と思っていると
ころで負けてしまったら、それこそ立ち直れなくなります。
そういうとき「ウォント」で始めていれば、負けることがあっても「自分はした
いからやってるんだ」と思えます。続けることで、気づいたら一番になっている。
大切なのは「続けられるかどうか」なのです。

ぼくの好きな言葉に「才能の差は小さい。けれど、努力の差は大きい。継続の差
はもっと大きい」というものがあります。そして、この「継続できるかどうか」は
「ウォント」で選んでいるかどうかなのです。

POINT

「ウォント」で選ぶと続けられる

「自分で決める」から納得できる

ノースカロライナのお店で悶々としていたのは、自分の意志であらゆることができなかったからです。もちろん投資家の話に乗ったのは自分なのですが、いざ営業が始まってからはほぼ自分のやりたいことはできませんでした。「ノースカロライナのこの場所でやってください」と言われて以降、自分の意志はほぼありませんでした。

その経験で「自分で決められない」ということのつらさを知ったのです。逆に言えば、**自分で決めることさえできれば、結果的に成功しても失敗しても納得できる**なと思いました。きっと後悔もしないでしょう。自分で決めて、チャレンジして、全力でやった結果うまくいかなくても、それはすべて自分のせいだからです。

大切なのは「自分で決める」という第一歩です。

人から言われたこと、強制されたことは、自分が責任を持って最後まで貫き通すことはできません。でも自分で決めたことであれば、責任を持って最後までがんばることができるはずです。

ぼくはボストンの地で最後のチャレンジをしようと思ったときに、2つのことを決めました。それは「言い訳しない」ということと「うまくいかないときでもやり続ける」ということでした。

異国の地を言い訳にしない。英語ができないことも言い訳にしない。立地を言い訳にしない。内装にお金がかけられないことを言い訳にしない。機材が十分じゃないことも言い訳にしない。ラーメンはガスではなくＩＨで調理していますが、それも言い訳にしない。「お湯を沸かせたらどこでもラーメン屋はできる」というつもりでいました。

ここまで「言い訳をしない」と言い切れるのは「ボストンのこの街でラーメン屋をする」ということを決めたのが他ならぬ自分だからです。別に勝算があったわけでもないのです。

ほとんどのサラリーマンも自分の意志で会社に入って働いているわけです。自分で志望して、自分で入社したはずです。大企業であれ、雇われているとはいえ、そこに自分の決断で入っているわけです。

そこで文句を言うならば、辞めればいいだけです。辞めないのは「この会社にいる」と決めているからです。だから「与えられた環境で１００%俺はやるんだ」と思うのが正解です。そこで「会社がダメだから」「上司がイヤだから」と言い訳をするのなら、辞めればいいだけの話なのです。

もしあなたが会社に不満があるのであれば、選択肢は2つです。それは「辞める」か「本気になるか」です。辞めずにダラダラと過ごすのは、人生の時間を粗末にしているのと同じです。とてももったいないことです。

本気になれば人はたいていのことができます。多くの人がそれをわかっているはずです。でも、本気にならない。なぜなら、本気になれない言い訳をたくさん抱えているからです。「本気になったらできるんですけどね」と言いながら、言い訳で武装したところで人生はひとつも前に進みません。

言い訳をせず、本気になること。本気になれる状態に自分を持っていくことが大切なのです。

POINT

会社を辞めるか、本気になるか

第3章

自分の人生のルールは自分で決める

なぜ、2時間営業だけでうまくいくのか？

ボストンのお店は、基本は夜の2時間営業だけです。

しかも夏は、1カ月まるまるお休みをいただいています。

なぜ、そんなことが可能なのでしょうか？

それは、それだけ店を開けなくても問題ないくらい利益が出ているからです。家賃も払えるし、それ以外の支払いもできる。日本とボストンを往復するのに飛行機代が約20万円かかりますが、問題なく払えます。

1日2時間営業でも利益が出る。そんな仕組みをどうやってつくっているのか。ちょっと種明かしをしたいと思います。


まずうちは、ラーメン1杯が20ドル（約2000円）くらいします。

これは原価計算とは関係のない値付けです。原価率はおそらく10％もいっていないでしょう。ふつうに考えればありえないくらい高いラーメンかもしれませんが、この値段にしているのにはいくつか理由があります。

ぼくは1日の売り上げが、最低でも1200ドルくらいは必要だと思っています。1日1200ドル稼ぐことができれば、家賃が払えて、自分の給料も出て、利益も少し残ります。

ただ2時間営業して、ぼくがオープンからクローズまでラーメンをつくり続けたとしても、せいぜい60杯くらいしかつくれません。60杯で１２００ドル稼ぐためにどうすればいいか？　計算してみると「１杯20ドル」という値段が導き出されます。20ドルのラーメンというのは、つまり「稼ぎたい金額から逆算をしている」だけなのです。


20ドルは、いわば「入場料」です。

ボストンのお店は、60人が20ドルで入れるお店なのです。

よく「原価が3割くらいになるように値段をつけなさい」と教えられることがありますが、ぼくはそんなことはまったく考えていません。

20ドルが高いか安いかは人それぞれでしょう。ただ、「20ドルを払ってでも、もう一度食べに行きたい」と思っていただける店をつくればいいだけなのです。

多くの人は「原価3割」と決めています。すると、どんなことが起きるかというと「その原価率で利益が出る」までの努力しかしなくなるのです。実は「原価3割」でやるほうが楽なのです。

原価3割でやっていれば、言い訳もできます。お客さまから「値段が高い」と言われても「それでもうちは原価3割かけていますので」と言えば、正論のように聞こえるからです。そこに甘えているだけなのです。

ぼくは20ドルを払っていただけるだけの努力をしなければいけません。そのぶん、ものすごく負荷はかかります。そのためにいろいろなアイデアを出す必要があるのです。

言い訳をせず「20ドル払ってでもまた来たい」と思われる店をつくる。そのことしか考えていません。その結果、人が来なくても、値下げをすることはありません。**「どうしたらこの値段でお客さんが来るか？」しか考えない。**だからこそ、工夫が生まれ、魅力的なお店になっていくのです。

POINT

稼ぎたい金額から逆算して値付けをせよ

「業界のルール」を疑え

常識を疑うことです。

それぞれの業界には、先人たちが従ってきた常識や習慣があります。

誰かがルールとして定めたわけではないのに、固定観念で「みんながそう思っている」だけのことは多いのです。

ぼくは、そこをゼロベースで見直して、視点を変えるようにしています。すると「みんな常識かのように言うけれど、実はそんなルールなんて存在しないんだよな」と気づくことが多いのです。

「原価3割」の話も、さも常識かのように言われていますが、誰も「それがルールだ」なんて言っていないのです。

常識に従っているから、店がつぶれてしまうのです。

飲食業は10年続く店が6%しかないと言われますが、それはまさに「常識にとらわれている」からです。特にラーメン屋は、開業から1年で3~4割はつぶれてしまうと言われています。

もともと実力があってうまくいったお店だけが街にあるので、多くのラーメン屋が生き残っているように見えますが、実際はそれくらいシビアな世界です。

何も疑問に思わず、常識に従っていたら、つぶれてしまう可能性が3～4割もあります。だからこそ、新しく出ていくものはこの常識を疑う必要があるのです。

大手のラーメン屋であれば、原価率から逆算して値付けをするのはわかります。シェアを取りにいかなければならないからです。なるべく安く設定して、競合他社に勝たなければいけない。

コンビニの100円コーヒーなど、まさにそうです。「サラリーマンの平均年収が441万円だとしたら、1日にかけられるコーヒー代はこれくらいだろう。だから、価格設定はこれくらいが妥当だ」。こういった考え方は、大手の勝ち方であり、1日に何万杯も売らなければならない人たちが考えることです。

小さなお店が、同じ論理で価格設定をしていては生き残れません。

ぼくは、20ドル（約2000円）払う人を毎日60人集めればいいだけのこと。「20ドルは高い」と言う人がどれだけいようと、60人だけ集めることができたらやっていけるのです。大手がやっている計算方法を、小さな店にあてはめる必要がそもそもないのです。

「ラーメン1杯750円」といった値付けは大手の決め方です。ぼくらは大きなマーケットでシェアを取りにいくような段階ではありません。それが「業界の常識」であろうが「慣例」であろうが関係ないのです。

小さなお店には小さなお店の「勝ち方」があるのです。

POINT

常識に従っていては生き残れない

「こうなりたい」から
逆算して目標を決めろ

ラーメンの値付けの話もそうですが、ぼくは「現実」を積み上げていって「結果」を生み出すのではなく、「結果」を「目標」として決めてしまったうえで逆算するようにしています。**目標を先に決め、そこから逆算して行動を決める**のです。

目標の決め方にはコツがあります。

それは「直感」で決めるということです。つい頭で考えてしまいますが、頭を使うのは「その目標をどう実現するか」という「方法」の部分です。

まずは直感で目標を決めましょう。たとえば「来年の4月に起業する」と決めてしまう。そのときにワクワクしたら、その目標は「正解」です。そこであまりピンと来なければ、別の目標を探しましょう。

そのときに「起業するなんて、みんな反対するだろうな」とか「これをやるためには、もうちょっと成長しないとな」などと頭で考えないことです。頭を使うのは目標を決めてから。「どうやって実現するか」は頭で考えなければいけませんが、最初の「目標」を頭で考えてしまうとワクワクしません。

目標には2種類あります。

ワクワクする目標と、しない目標です。

みんなの前で自分の目標を宣言したときに、自分や聞いた人がワクワクしなければ、それはいい目標ではありません。やる気が湧いてくるような目標、みんなが聞いて「それはすごいね！」「いいね！」と言われるような目標がいい目標なのです。

勘違いしてはいけないのは、目標が「やらないといけない義務」になってしまってはいけないということです。目標がなんのためにあるか。それは何度も言うように「今を楽しむ」ためなのです。

「次の店を出す」「店舗展開をするために利益を上げる」「そのために１５０人に毎日売る」……そんな目標のために人はなかなかがんばれません。未来のために今を犠牲にしてしまっては本末転倒です。

ぼくもハワイからノースカロライナに行くくらいのころは、まだ未来の不安があったので、未来のために今を犠牲にするような生き方をしていました。「店舗をなるべく増やしていくのが成功の姿なんだ」となんとなく思っていたのです。でも、それはしあわせな生き方ではないと気づいたのです。

ビジネスを拡大していくことは正しい。ふつうはそう思ってしまいます。お店が流行ると「次はどこにオープンするの？」と二言目には聞かれますし、ぼくもそういうものだと思っていました。ぼくも「次はこのあたりを狙っています」などと相手に合わせた答え方をしてしまっていた。それが「あたりまえ」だと思い込んでいました。

でも、そのためにがんばるのはおかしいと思ったのです。つねに未来を不安に思いながら、今を犠牲にしながら生きていく。すると、やってきた「未来」でも、さらに「未来」のことを心配しながら生きていかなくてはいけません。これでは、なんのために生きているのかわからなくなってしまいます。

POINT

ワクワクする目標を決めよう

自分が「最高だ」と思うものを出す

マーケティングの教科書を読むと「プロダクト・アウト」ではなくて「マーケット・イン」で考えなさいと書いてあります。つまり「つくり手がつくりたいもの」ではなく「お客さんが食べたいもの」を提供しなさいということです。それが「マーケティングの基本」でしょう。

ただぼくは、逆とは言いませんが、自分のコンセプトが大切だし、自分の世界を大切にします。ターゲットを「40代男性」「年収○万円以上」などと定めて、そこに合わせるようなことはしません。ここには、何も「ウォント」がありません。「エンジョイ」がないのです。理論的には合っているかもしれないけれど、そんなことをしても何も楽しくないのです。

それこそお客さんからは「ベジタリアンのためのラーメンはないんですか？」と聞かれます。でも、ぼくが「おいしい」と思ったベジラーメンに出合っていないのでやりません。もし最高においしいベジラーメンを食べたことがあればやるかもしれませんが、**お客さんが求めているからといって、ぼくにできないことをやるつもりはない**のです。

ぼくの方針はシンプル。

自分が最高だと思うものを出す。それだけです。

簡単に言うと、自分がおいしいと思うものをベースに商品をつくるのです。

お客さんは「ぼくが最高だと思うもの」を食べたいはずです。「最高だとは思わないけれど、みんなが欲しいというからつくりました」というものは食べたくないはずです。そこは曲げないようにしています。

でも多くのビジネスはそうなっていません。店の人が「おいしい」と思っていないのに、そういうものを出す飲食店も意外と多いのです。

たとえば、インパクトを与えるためにわざと味を濃くするようなお店もあります。そういったことは、ぼくはやりません。

食べた瞬間に「おいしい！」となるラーメンのほうが流行ったりするのですが、最初に「おいしい！」と思うラーメンは、最後まで食べきるとしんどいことが多々あります。なんなら食べきれないこともある。食べている途中に「重たい」と思うようなラーメンはぼくの目指しているラーメンではありません。

ぼくが目指すのは、最初に「おいしい！」となるものではありません。食べ終わって店を出てから「ああ、うまかったなあ」と思うような一杯です。店を出てから実感が湧いてくる。もしくは、家に帰って夜寝る前に「今日のラーメン、なんかうまかったよな……」と思い出すような一杯です。

これを茶道の世界では「残心」と言います。インパクトで魅せるのではなく、余韻を楽しむ。

自分が「最高だ」と思うもの。そして、毎日食べても「おいしい」と思えるようなものしか出したくないのです。

POINT

自分の「最高だ」を信じよう

「立地」を言い訳にしない

飲食店は立地が大切、とよく言われます。「目抜き通りに面した場所がいい」などといろいろな人がいろいろなことを論じています。

ぼくの考えは「場所はどこでもいい」です。

正確には「立地を言い訳にするくらいなら、出さないほうがいい」ということです。**「立地がどこであっても流行らせる」という自信がないと、そもそも生き残ることができない**と思っています。

立地を考えるべきなのは、それこそコンビニやファストフードなど「シェアを取りにいく」ビジネスです。そういったビジネスは、立地によって売り上げはかなり変わってくるでしょう。でも、ぼくらのような小規模のお店で「好立地じゃないと流行らない」などというのは「言い訳」だと思っています。

そもそも、日本人がアメリカのボストンでお店を開くなどというのは、ビジネス的に考えれば無謀です。土地勘もないですし、どの立地がベストかはわからない。でもぼくは、場所を言い訳にするのはかっこ悪いと思ったのです。もう言い訳は一切しない。ここでチャレンジするんだ、と決めたのです。

今の場所は「居抜き」で借りたのですが、物件の名義変更をするのも大変でした。弁護士さんを通してやったのですが、謎のお金で100万円を取られたり、なかなかうまいこといかない。アメリカでの開業はやはり大変です。正直、日本で店を3軒やるくらいのお金と体力と気力がいります。お金儲けやビジネスとは違うところに目的がなければ、やる意味はないでしょう。お金儲けだけが目的であれば、「やらない」のが正解なのです。

ぼくは「デイビススクエア」という場所をひと目見て気に入りました。そして「この街全体を活性化させたい」というビジョンを描きました。そのうえで引っ越しを決めたのです。この街をグルメタウンにしたい。そのビジョンも胸に秘めながら、ラーメンをつくっているのです。

POINT

どんな環境でも成功する、と決める

「ベスト・オブ・ボストン」を日本人が受賞できた理由

鶴麺デイビスは、2018年4月にオープンして以来、ボストンのグルメサイトで「いまもっとも熱いレストラン」第1位を3カ月連続で獲得しました。さらに地元の有力紙「ボストン・グローブ」の1面を飾ります。2019年には、ボストンでいちばんのレストランに贈られる「ベスト・オブ・ボストン」のラーメン部門1位を獲得しました。

自分で言うのも気が引けますが、けっこうすごいことだと思っています。歴代受賞したラーメン屋は、みんなアメリカ人の経営です。日本人が受賞するのはなかなか大変なことだと思うのです。

「大西くんならおいしいラーメンをつくれるし、行ったらすぐ『ベスト・オブ・ボストン』とれるんじゃない？」などと言われていたのですが、逆に考えてみてください。イタリア人が東京に来てパスタをつくって、東京でナンバーワンのパスタ屋さんになれるでしょうか？

たとえば東京のフレンチのナンバーワンは日本人シェフだし、日本でスペイン料理やイタリア料理のミシュランの星を獲るようなお店の多くは日本人オーナーでしょう。そんななか、アメリカで日本人が「ベスト・オブ・ボストン」を獲得したのは快挙なのではないかと思うのです。

なぜ日本人の自分が「ベスト・オブ・ボストン」を受賞できたのか？

その理由は、6年間かけてアメリカの感覚を身につけられたからじゃないかと思っています。半分アメリカ人になれているのではないか。実は、味はそこまで関係ないと思うのですが、店づくりや打ち出し方がアメリカでウケるものになっているのではないか、と自分では分析しています。

日本人が「おいしそう」と思うラーメンと、アメリカ人が「おいしそう」と思うラーメンはちょっと違います。チャーシューや卵ののせ方など、日本人から見たら違和感があるはずです。

でもそれは、向こうに合わせる必要があります。そこは頑なに自分を通さなくてもいい。彼らの「おいしそう」を尊重したほうがいいと思っています。

また、アメリカ人を雇っているのに、アメリカ人ではない人がトップとしてまわせている店は意外とありません。中華料理のお店は中国人ばかりだったり、韓国料理のお店は韓国人ばかりだったりします。そんななか、ぼくは日本人なのにアメリカ人のいいスタッフを雇っているので、まわりから見ると「ちゃんとしている店」

に見えるのです。

そうやって、きちっと現地に合わせながらも、日本のいいところも残しています。たとえば、接客、ホスピタリティは他のお店よりも高いと思います。スタッフが褒められることも多くあります。うちではチップをあえてなくしているので「チップ目当て」で働くスタッフもいません。

現地に合わせつつも、日本のいいところを組み合わせている。それがボストンで1位になれた秘訣なのではないかと思っています。

POINT

郷に入っては郷に従え。でも、いいところは残す

第4章

なまけないための「仕組み」をつくる

場所で「スイッチ」を入れる

ぼくは店に入って準備が整うと、パッとやる気のスイッチが入ります。前掛けをして、ユニフォームを着たら仕事のモードに切り替わります。「カタチから入る」というのはバカにされることもありますが、ぼくは大切なことだと思っています。特に「場所」というのは、うまく使うと生産性を上げることができます。個人で作業するときも「仕事はいつもここでする」という場所を持っておくのがおすすめです。

アメリカだと特にＩＴ企業やベンチャー企業で働いている方たちは、週に2日くらいしか会社に行かないといいます。そんな企業が増えてきて、ほとんど会社以外のところで仕事をしている企業もあります。

ただこれは持論ですが、リモートワークをしている人はメンタルが安定していないことが多いように思います。リモートで仕事をするのは、自制心が必要ですし、自分でペースをつくっていかなければいけないので、思った以上に大変なのです。

最近では、あえて出社する人も増えてきていると聞きます。欧米ではその流れがすでに来ています。日本もリモートワークは増えつつも、一方で「顔を合わせて仕事をしたい」という人も増えてくるはずです。

リモートワークでも**メンタルを安定させるためには、きちんと「習慣」をつくることが大切**です。

毎日同じ場所で仕事をする。そして、なるべく自宅とは違う場所で仕事をすることです。そうすることで「その場所に行けば、仕事をする」ということが習慣になって結果を出せるのです。ずっと家だと脳が切り替わらないので難しい。仕事場に「出社」することで脳にスイッチが入るのです。脳は習慣が大好きだからです。

POINT

やる気の出る場所を見つけよう

目の前のことに集中するために期間を区切る

ぼくは「行列ができるラーメン屋をつくる」ことを目指しています。しかし一方で「それを２００日でやめる」ということも決めています。

一見矛盾しているようですが、それは**「結果」を重視しているのではなく、自分の「成長」にフォーカスしている**チャレンジだからです。

１０００日のチャレンジを２００日ごとに区切って、毎回ラーメンのテーマを決めています。

最初の２００日、ぼくは「第1章」と呼んでいますが、第1章のテーマは「１９８５年式ラーメン」です。ぼくが10歳のとき、親に連れていってもらったお店のラーメンをイメージしています。はじめて食べた中華そばは、魚介を使っていない、とてもクラシックで素朴な鶏と豚の中華そばでした。その「１９８５年式ラーメン」を２００日で極めるわけです。

第2章のテーマは「ワンタン麺」で、最高のワンタン麺を目指して２００日を試行錯誤しながら過ごしています。

これが２００日ごとに第5章まである、というわけです。ちなみに3章以降のテーマはまだ決めていません。今は第2章に集中しているので、その先のことは考えないようにしているのです。

ぼくは「今」に集中するために、期間をわざと区切ります。そして、先のことは考えないようにしているのです。ただそれでも、自然に考えてしまうことはあります。勝手にアンテナが立ってアイデアが湧いてきてしまう。しかし思考が分散することはありません。ひとつのことに集中しているのは変わらないのです。

もし、第2章を極めている最中に「次はどうしよう？」「第3章は何がいいかな」などと探し回ってしまうと、最高の第2章が実現できません。成果につながらないのです。**今に集中して生きて、将来の不安については考えない。**将来の不安のために今を犠牲にする生き方では、潜在能力が発揮されないのです。

POINT

次のことは考えない

集中するから、自然とインプットがある

今のことに集中して、余計なことは考えない——。

そうお伝えしましたが、実はひとつのことに集中することで、自然といいアイデアが生まれたり、大切なインプットがあったりするものです。

不思議なもので、がんばってアイデアを出そうと思っているときほどいいアイデアは出ません。むしろ何かに集中しているときのほうが、ふとした瞬間にパッといいアイデアが浮かぶものなのです。

多くの人は「いいアイデアがないかな？」「副業は何をやろうかな？」「来年はどうしようかな？」などと、焦って情報をインプットしようとします。しかし、不安になりながらインプットしたときは、なぜかあまりいいインスピレーションが湧きません。しかし、**今この瞬間を集中して生きていると、ふと入ってきた情報が何か次につながるヒントになったりする**のです。

現代は、人びとを不安にさせるような情報が多すぎます。不安を煽って、誘惑に引きずり込むような情報もあふれています。

おまけに、多くの人がスマホをやりながらテレビを観たり、仕事をしながらユーチューブを観るなど、脳が「マルチタスク」になりがちです。そういう時代だからこそ、あえて「シングルタスク」に集中する装置を自分で持つことが大切なのです。

外から情報を見つけてくることも大切かもしれませんが、自分のなかにすでにある知識を洗い出してみて「再利用」することも大切です。脳のなかの情報を検索してみたら、そのなかから思わぬ発見があるかもしれません。

自分の中にしまわれているものを、どうやって蘇らせるか？　ぼくが「１９８５年式ラーメン」というテーマを見つけることができたのは、自分のなかにすでにあったものを蘇らせたからです。

いきなり「いいアイデア」が降ってくることはあまりありません。アイデアの断片のようなものが脳に蓄積していって、それが自然と組み合わさって、いいアイデアに育っていくのです。

そのためには、日々メモをすることも大切です。ぼくは自分のビジョンを文字にしていくのですが、そうしておくとそこにアイデアが勝手に引っかかってくるのです。引っかかったアイデアをさらに書き留めておきます。

メモをとるための時間、考えるための時間はあえてつくっていません。今に集中することのほうが大切だからです。今に集中しながらも勝手に引っかかってきたアイデアをメモしておくというわけです。

メモをしたら、たいていは少しの時間置いておきます。アイデアの断片を放っておきながら、目の前の作業に集中する。するといつの日か自然といいアイデアに育っているのです。

POINT

「考える時間」をつくらない

理想の「自己イメージ」を持ち続ける

１０００日後以降のことは１０００日後に考えればいいのです。

具体的なプランはあとから考えればいい。

ただ**理想の「自己イメージ」はつねに持っておくことが大切**です。

ぼくの自己イメージは「世界のどこに行っても、行列ができるようなラーメン屋をつくる」ということです。そのために、日々自分が成長しているかどうかをつねに気にしています。

ただ「次はどこでお店を開くか」という具体的なプランは、そのときに考えればいいのです。そのときにかならず降ってきます。そのときの感情で住みたいところ、お店を開きたいところを決めればいいのです。

理想の自己イメージは別に「決めたら変えてはいけない」というわけではありません。

ぼくの場合は先ほどのイメージとは別に「日米でいちばん影響力の強いラーメン職人になる」というイメージもあります。自己イメージはひとつじゃないといけないというわけでもないし、変えてはいけないというわけでもない。毎日を集中して生きるなかで「こっちのほうがワクワクするぞ！」というものが見つかったらどんどん改善していけばいいのです。

理想の自己イメージはメモをしておいて、事あるごとに読み返します。そして「こっちの言葉のほうがもっとグッとくるな」と思えば、書き換えます。ひとつひとつ言葉を吟味して、入れ替えたり消したりしています。「『日米で』を入れようかな？　『最強の』がいいかな？　いや『影響力がある』のほうがいいな」などと、メモを書き換えるわけです。

ちなみにぼくが定義する「世界一」は「影響力が世界一」ということです。「ラーメンの売り上げ世界一」とか「店舗数世界一」など、世界一にはいろいろな定義がありますが、今ぼくが定義している世界一は「影響力が世界一」なのです。

POINT

ビジョンは日々更新し続ける

失敗しても、動かないよりはマシ

ぼくは自分のことを「凡人」だと思っています。

人間の能力的にはまわりとそんなに差はありません。唯一、人よりも少し勝っている能力といえば「行動力」だけです。

アメリカでやっていく実力がもともとあったかといえばありませんでした。実力がなかったので、何度も失敗をしました。ただ「ぼくがアメリカへ行って勝負した」という行動は事実です。

ハワイやノースカロライナで大失敗をしました。でも、それがあったからこそ後悔が生まれ、大切な「気づき」がありました。ぼくは失敗をしたけれど、行動したからこそ「気づき」を得ることができたし、ボストンでの大切な仲間にも出会えました。

凡人だったぼくが、今はアメリカで大行列になる店をつくれているのは「能力」があったからではありません。失敗しても続ける「行動力」があったからです。そしてその失敗してもしつこくやり続ける行動にまわりからの援助をいただき、なんとか成果を生み出すことができたのです。能力なんて、本当に微々たる差しかないと思っています。**行動力こそが人生を変えるのです。そして失敗をしない人生こそ**

人生最大の失敗だとすら思うのです。

29歳で「ラーメンが好きだからお店を始めよう」と思ったときも、何もノウハウはありませんでした。料理人としての能力も、その時点では何もなかったと思います。お金は母から少しだけ借りて、あとは自己資金でした。金融機関からはお金を借りませんでした。ただ、覚悟だけはとても強くて「2年で行列店をつくる」と決めていました。

ラーメンづくりは完全に独学でした。

まずは「人に聞かなければ」と思い、人気ラーメン店に通って、そこの店主たちと仲よくなりました。そういう方々と一緒にいるだけでいろんなことを学び取ることができました。行列店のノウハウは座学とか本ではなく、肌で学びました。飲みに連れていっていただいたりして、けっこうかわいがってもらいました。その方たちには、今でもとても感謝しています。

ラーメンに関してはまったくの素人でしたが、約2年でプロと言えるくらいのスキルは身につけることができました。もちろん甘いところはあったでしょうが、少なくとも大阪では「繁盛店」と言われるくらいのお店をつくることができたのです。大阪で繁盛店をつくった。これがはじめての成功体験です。

振り返ってみると、そのときはかなり必死にやっていました。2年で行列店をつくれなかったら閉めるしかない。その背水の陣の覚悟がよかったのだと思います。

まずは動いてみること。行動してみることです。もちろん失敗をすることもあるでしょう。それでも動かないよりはよっぽどマシなのです。

POINT

動こう

すごい人になりたければ、すごい人の近くにいろ

繁盛店の人たちと仲よくしていると、自分のお店も繁盛店になります。だから、ぼくは自分のお店が繁盛店になる前から、繁盛店の人たちとお付き合いさせていただきました。

一方で、繁盛していない居酒屋の人たちは、自分の店が終わると同じように繁盛していないお店に行って、そこの店主とずっと飲んでいます。そして「なぜ居酒屋は今、こんなに流行らないか？」といったことばかりを話し合う。繁盛していない人どうしが、「繁盛していないこと」をアテに飲むわけです。

これは、ぼくが20代のときに感じていたことです。

飲食店で働いていたのですが、繁盛していないお店の人がやってきては「飲酒運転が厳しくなってからあかんよな」などと話をしながら飲んでいる光景を、ずっと見ていました。そこで、いつか自分でお店をやるときは「繁盛店の人たちとお付き合いしよう」と決めたのです。

うまくいっていない人たちは「なぜ、今この業界がダメなのか？」といった話しかしません。そして、人を論破できるくらいのものすごい説得力を身につけていきます。それを聞いていると「たしかに！」と言いたくなるのですが、そんな正論を並べたところで、そこにはなんの生産性もないのです。

できない人どうしで付き合うのはきっと楽でしょう。「うまくいってないのは自分だけじゃないんだ」と思えて、気が紛れるはずです。「今日も売り上げが2万しかなかった……」と落ち込んでいるときに「うちはもっと悪い」という話を聞けば安心するでしょう。ただ、そんなことをしたところで何もいいことはありません。一瞬、不安が和らぐ程度です。

繁盛店の人と仲よくなるには、まずその店に食べに行くことです。そして「実はぼくもラーメン屋をしているんです」と話すのです。あんまり強引に「教えてください」などと言うと煙たがられます。だから「ぼくもラーメン屋をしています」と言うだけにしていました。

そうするだけでも、向こうは食べにきてくれたことをよろこんでくれます。すると何度か通ううちに「もっとこうしたほうがいいんじゃない？」というアドバイスがもらえるようになるのです。

繁盛店の人たちは、同じく繁盛店へ食べに行きます。すると、そこでまた繁盛店の人たちと仲よくなって友だちになる。そうやって「繁盛店の輪」のなかに身を置いて、いろいろなことを学ぶようにしていました。

ぼくは繁盛店の人たちに手取り足取り教えてもらったことはありません。ただ一緒にいて、自ずと学び取っただけです。レシピや具体的な技術を教えてもらうわけではありません。それでも、勝手に学び取ることで成長することができたのです。

「坐辺師友」という言葉があります。これは北大路魯山人の言葉で、優れたものや人に囲まれていると、おのずとそれを学び取ることができる、まわりにあるものが「師匠」であり「友」である、という意味です。

人間は、環境によって成長します。優れたものに囲まれていると、自分も優れていきます。囲まれているだけで勝手に学び取るのです。

POINT

居酒屋で愚痴を言い始めたら危険信号

楽しんでいると人が集まってくる

朝礼で毎日言っているのが「エンジョイ１０００デイズ」です。

ぼくらの目的は「楽しむこと」です。お金を稼ぐためでも、店舗展開をするためでもありません。

「日米10都市に行列のできるラーメン屋をつくる」というのも夢としてありますが、その夢のために今を犠牲にするようなことはしません。あくまで目的は「楽しむこと」です。お店がたくさんあったほうが楽しそうだからやるだけ。結果的に10店舗を達成できなくてもいいのです。

「楽しむこと」ではなく「10店舗つくること」が目的になってしまうと、10店舗つくるためにがんばってしまいます。するとだんだん疲弊していって、楽しくない日々を過ごすことになってしまいます。楽しくないと自分の持っているよさや潜在能力を引き出せません。結果的に楽しくないうえに、10店舗を実現することもできなくなるのです。

これだけ「楽しむ」ということにこだわるようになったのは、失敗のどん底を味わったからです。一生分くらいのしんどさを経験したからこそ、楽しくないことは百害あって一利なしだ、と気づいたのです。

ただ、ハワイとノースカロライナの大失敗は必要な失敗でした。

もしそんなに大きなチャレンジをしていなかったら、ぼくは日本でそれなりにやって、大切なことに気づかないまま一生を終えていたかもしれません。

それなりに流行って、だんだん流行らなくなって、「なぜだろう……」と思いつつも「昔は流行ったラーメンだし、この味は変えない」などと言いながら経営していたかもしれません。

もちろん「変えない」というポリシーでやっているお店を否定するわけではありません。昔からの常連さんが何十年も通ってくれる。ずっと来てくれるお客さんがいて、そのお子さんやお孫さんも連れてきてくれる。そのために味は変えないというお店も素敵です。

ただぼくは、それでは楽しめないのです。お客さんとしても、お店の人が楽しんでいるお店は魅力的なのではないかと思います。つねに流行っているお店は従業員どうし仲がいいし、働いている人が楽しんでいるのです。

人間は、楽しんでいる人にしかモチベートされません。楽しくなさそうに働いている会社やお店に人は集まらないものです。だからこそぼくらは「エンジョイトゥデイ！　エンジョイ１０００デイズ」を掲げ、自分たち自身が楽しむことを大切にしているのです。

同じ味を守ることが楽しいと思う人もいるので、その人はその人でいいと思います。楽しんでいればいいわけです。ただ、強くはないかもしれません。生き残るうえでいちばん強いのは、変わることを楽しめる人だからです。

生き残るために変わっていかないと、恐竜のように絶滅してしまいます。変わるときも、必要に応じてイヤイヤ変わるのではなく、変わることを楽しめたら最強でしょう。

POINT
変わることを楽しもう

鶏ガラ、豚ガラ、人柄

どうすれば流行りのお店をつくれるのでしょうか？

もし、**繁盛店のレシピを手に入れたとしても繁盛店はつくれません。**みんなそこを勘違いしています。レシピだけでいいのなら、誰でも繁盛店はつくれてしまいます。繁盛店の弟子として何年やっても、独立してから流行る人と流行らない人がいます。レシピだけでは繁盛店はつくれないのです。

ちなみにぼくは、レシピを聞かれたら教えます。最近ラーメン屋を始めた友人が「今、塩ラーメンを開発していて、頭を悩ませているんです」と言っていたので「わかりました。あとでレシピを送りますね」とさらっと送りました。

大切なのは、レシピだけではありません。レシピを高い値段で買っても繁盛店はつくれません。そんなに浅いものではないのです。

ぼくはよく繁盛店に行くようにしているのですが、そのときに学ぶのは、「レシピ以外」の部分です。

流行っているお店と流行っていないお店では、雰囲気が圧倒的に違います。

ラーメン業界でよく言われる言葉に「ラーメンは鶏ガラ、豚ガラ、人柄」というものがあります。ラーメン屋でも寿司屋でも大切なのは、店主や大将の人柄です。

人柄は隠していてもお店からにじみ出てしまうのです。

鶴麺が大切にしているのは、やはり「ラブ」です。毎朝朝礼でも「ラブを大切にしよう」と伝えています。

「ラブ」というと、小っ恥ずかしいし簡単に聞こえてしまうのですが、やっぱり最終的に大切な理念です。ラブのない料理は求められていません。レシピどおりにつくっただけの料理に魅力はありません。目の前でつくる作業がラブであったり、レシピのなかにラブがあったりしないとダメなのです。

そのラ**ブ＝愛情が店主から伝わる店が繁盛店になります**。店主の愛情がレシピに乗っかっているからです。

ぼくは「おいしいものは人を元気にする」と思っています。

それに気づいたのは、東日本大震災の１カ月後に被災地へ行って、まったくラブが入っていない、余っている非常食を見たときです。ラブの入っていない食事では人を元気にはできません。

ぼくらは材料を集めてきて炊き出しを提供しました。愛を込めてつくりました。

きっとそのほうがおいしいし、元気になってくれたはずです。
どんなに優れたレシピよりも愛情を持って料理をすること。そのほうが１００倍大切だと思うのです。

POINT

すべては「ラブ」から始まる

第5章

「2人目の理解者」がチームづくりの鍵

人は「よろこびを分かち合う」ことをしあわせに感じる

一人でやって結果を出しても、一人でよろこぶのはさみしいものです。

しあわせを分かち合える相手がいたら、しあわせは何倍にもなります。

「人間は一人では生きていけない」とよく言われるのは、よろこびを分かち合ってしあわせを感じるためなのではないかと思います。

ぼくが人を雇うのは、自分の作業を手伝ってほしいからではありません。一緒によろこべる相手がほしいからです。よろこび合える相手がいて、ようやく幸福感が増すのです。ぼくにとって、チームはそのためにあります。

鶴麺は約3年間でボストンに「鶴麺ファミリー」をつくりたいと思っています。

ぼくは一緒に働く人たちのことを「従業員」とも「スタッフ」とも呼びません。「メンバー」と呼びます。

メンバーは「ファミリー」だと思っています。よって、月に一度でも働いた人は「いつでも何度でもまかないを食べに来ていいよ」と話しています。すると行列ができていても、みんなわざわざ並んで食べに来てくれます。

そうやって食べに来てくれることが、ぼくはうれしくて大好きです。

メンバーのために1日10杯くらいつくっています。もちろん1杯提供するのに席と時間が必要になります。お金的にも、毎日２００ドル、２万円くらい売り上げは下がります。

でもそんなことは気にしていません。ぼくのビジョンは「ボストンに鶴麺ファミリーをつくること」なので、来てくれるメンバーは多ければ多いほどいいのです。

お店はぼく以外にメンバーが２人いたら営業できるくらいの規模です。

そこにメンバーが30人くらい所属しています。１つのシフトに４人も５人も希望しているので、選ばなければいけないほどです。

シフトに入っていない人でも、ラーメンを食べたいから並んで食べに来ます。食べに来たメンバーは、自主的に片づけを手伝ってくれます。自分で運んで、自分で洗いものをして帰る。だから、ファミリーなのです。

POINT

ともによろこべる仲間はいますか？

素敵な人が集まる「求人」の仕方

メンバーの集め方も工夫しています。

うちはお店の前に募集広告を出したり、インターネットに書き込んだりはしません。求人広告を出すこともありません。

それは、うちのラーメンを食べたことがないのに面接をするのは無駄だと思っているからです。うちのラーメンを食べたうえで「ここで働きたい」と思ってくれた人だけに来てほしいのです。

うちではレジの横に小さく「メンバー募集」と貼ってあるだけです。そうすることで、ぼくのつくるラーメンが大好きな人しか応募してこないのです。

うちでは「ラーメンを食べたいから働いている」人がほとんどです。もっと言えば「ラーメンを食べに来て、ついでに働いている」ような状態なのです。

メンバーは若い子ばかりです。ハーバード大学やマサチューセッツ工科大学、タフツ大学が近いのでそこの学生もたくさんいます。

彼らにとって、ぼくははじめて直に接するボスだったりするでしょう。

その子たちがどんな社会人になるかは、学生時代に出会った人間で変わってきます。だからぼくは、つねに「理想の上司」「理想のリーダー」でありたいと思っています。そして、鶴麺が「理想の会社」でないといけないと思っています。うちの店は、そういう意味で教育機関だとも思っています。彼らには、お金を得るよりも、いろいろなことを学んでほしいなと思っています。

以前、マサチューセッツ工科大学の化学専攻を卒業したジョージというメンバーがいました。とても優秀な子で「夏に大学を卒業して、就職が４月なので１００日くらい働きたい」と言って鶴麺に来たのです。

ぼくは、その期間だけでも理想の上司像、リーダー像を見せてあげたいと思いました。そうすることで、就職したときに今度は彼がチームのいいリーダーになれると思ったからです。そういうつもりで１００日間、彼と接していました。

彼は一生懸命働いてくれました。そして、アルバイトの最終日に自分の親と大学の研究室の教授、友だちなど14人くらいでお店に食べに来てくれました。そして「ここがぼくの自慢の職場だよ。こういうところで働いていたんだよ」と伝えてくれました。そのことでぼくは「彼にとっての理想のリーダー像」に少しはなれたのかな、と感じました。

ジョージは今、糖尿病の研究をしています。研究所に入って、いいチームをつくくっているはずです。いつかノーベル賞をとってくれたらいいな、と思っています。

うちはラーメン屋ですが、そうやって、上司像やリーダー像を見せるかたちで社会貢献ができると思っています。大げさに言うと「ラーメンでも世界を変えられる」くらいの気持ちでやっているのです。

POINT

あなたは誰かの「理想のリーダー」になっていますか?

成功するチームには「文化」がある

うちでは「スタッフ」や「従業員」という言葉を使いません。「ファミリー」もしくは「メンバー」と呼んでいます。お店を卒業しても、みんな「鶴麺ファミリー」だと思っています。

採用条件は、まず「うちのラーメンを食べに来ているかどうか」です。食べたことのない人間は面接すらしません。

うちのラーメンを食べた人間で、店の雰囲気を見たうえで働きたいと思う人間は、ラーメンが好きか、日本が好きか、もしくはお店やぼくのキャラが好きかのどれかでしょう。必然的にやる気のある子しか入ってこないのです。さらに面接で、うちの理念やコンセプトを説明して、メンバーになってもらいます。

メンバーになったら、月に1回働くだけでもその月は何回でも無料でまかないを食べに来てもいい、と伝えています。そのかわり、食べたあとは20分くらい皿洗いをしてもらっています。それは強制ではないのですが、みんな自然とそうやって手伝ってくれるのです。鶴麺ファミリーは「家族」です。だから、ごはんを食べたら食器を片づけて洗うのはあたりまえ。そういう空気ができあがっています。

このあいだぼくが「3週間休むね」と言ったら、休みの前日に大行列ができました。そのなかにはうちのメンバーもたくさんいました。そういうのがぼくはうれしいのです。「ただいま」「おかえり」みたいに、みんなが出入りしているお店、それが鶴麺デイビスのイメージです。

鶴麺デイビスは家族であり、お互いを思いやる精神が根付いています。ただ、たまに理解が遅い子もいて、そういう子と話すときには親のように教育することもあります。

理解できている子の場合は、席に着いてからも「ラーメンを待っている時間がもったいないから」と洗いものを自主的に始めます。ラーメンができたらそれを自分で席へ運び、食べたらまたその器を自分で洗って帰るのです。

一方で、まだ入りたてだったりすると、友だちとただ「食べに来た」と言って来て、ラーメンを待っているあいだも待っているだけです。それが悪いことというわけではなくて、まだ理念を理解できていないのです。

でもそうしていると、他のメンバーがこう言います。「待っているあいだに手伝えるでしょ？」と。手伝う文化は、最初はぼくがつくり上げたのですが、今はぼくが動かなくてもまわりが教え合うようになっています。

こんな話をすると「まかない目当てに悪意を持った人が来るんじゃない？」と聞かれます。「あの店、面接受ければ食べ放題だよ」みたいにならないのか、と。しかし、すでに善意でまわる「文化」がつくり上げられているので、そういう人は入ってこられないのです。みんなとマインドが違うので、もし入ったとしてもすぐにいられなくなります。

文化は一度できると、なかなか変えようがありません。文化は強いので、一人の悪意を持った人が来たとしても変えられないのです。

POINT

「文化」をつくろう

自分がいなくても
まわるチームをつくる

チームに文化を生み出すにはどうすればいいのでしょうか？

まず経営者がビジョンや理念を掲げます。

次に、ここがいちばん大変でいちばん大切な作業なのですが、そのビジョンや理念を理解する「２人目」をつくることです。ここが10年かかる場合もあれば、１カ月でできる場合もある。２人目ができたら、そこからチームの成長はものすごく早くなります。

創業者の思いがあり、それを2人目がわかってくれ、１００％理解してくれたら、さらにそれがまわりに浸透していきます。メンバーが１００％理解するのには時間がかかりますが、30％とか50％はわかってくれる人が増えてきます。するとそれは「社風」になります。

社風ができて、メンバーに浸透し続け、創業者が信念に近い気持ちを持ち続けていると、社風よりもっと強固な「文化」が生まれるのです。

文化になってしまえば、経営者であるぼくがいなくなっても大丈夫です。「社風」の段階であれば、ぼくがいないとだんだん悪くなっていきますが、「文化」にまでなっていれば、簡単には会社は悪くなりません。

逆に、すでに浸透しているのが「悪い文化」であれば、それもまたなかなか変えられません。悪い文化の会社になってしまうと、優秀な人が入っていくら変えようとしても無理です。

それがまだ「社風」なら変えられるかもしれませんが、「文化」になっていたら変えるのは本当に難しいのです。社風ならトップが代わったら変えられますが、文化になっている部分はトップが代わろうが変わらないからです。

「文化が大事だ」と気づいたのは、アメリカというまさに「違う文化」の場所に行ったからこそです。

日本でお店をやっていたときは、もともと「いい文化」を持っている人間しか入ってきませんでした。言っても島国の単一民族なので、大きくズレることもなく、それほど困りませんでした。

ただハワイに行くと、それぞれ違う文化を持っているのでものすごく困りました。それこそ、ちょっとくらい遅刻することがあたりまえだと思っていたり、目上の人に敬語を使わないような文化を持っていたりするのです。

「文化」というものは非常に強いものです。よって、違う文化を持った人を変えるのは至難の業です。
ただ、店自身が独特の文化を持つことができたら、そこに入ってきた彼らは変わります。お店の文化を好きになってくれたら、彼らはそれをやりたがってくれるからです。

POINT

「社風」ではなく「文化」にまで育てよう

「2人目の理解者」が成功の鍵を握っている

チームの「文化」をつくっていくには、2人目の理解者が大切だ。そうお伝えしました。

鶴麺デイビスでは、ぼくと年が同じくらいのマイケルという人間がマネージャーをしてくれています。彼が2人目の理解者としていてくれることは、ぼくにとっても、お店にとっても、とても大きなことです。

マイケルが声をかけてくれたのは、店をオープンする前のこと。

当時は、まだ誰かを採用しようとは思っていませんでした。しばらくは一人でやろうと思っていた。創業者ですし「一人でもやっていくぞ」という覚悟を決めていました。

そんなときにマイケルが店の準備をしているぼくの姿を見て「マネージャーをやらせてほしい」と言ってきてくれたのです。

彼はもともとミュージシャンのマネージャーでした。ツアーであちこち行っていたので、アメリカのいろいろな都市のことを詳しく知っていました。聞けばレッド・ホット・チリ・ペッパーズのマネージャーをしていたこともあると言います。

ぼくもレッチリは好きですし、趣味も合って、すぐに意気投合しました。

ぼくのほうも鶴麺デイビスにかける思いを熱く語りました。ボストンを美食の街にしたいということ、世界のどこに行っても行列のできるラーメン屋をつくりたいこと、あえて１０００日営業にして本気で取り組みたいこと、その手段としてお金も必要であるということ。そして何より楽しむこと——。

理念やビジョンを余すことなく伝えると、理解してもらうのにそこまで時間はかかりませんでした。ぼくの本気の姿勢が伝わったのです。

彼は「これまでミュージシャンのマネジメントをしてきたけれど、レストランビジネスのマネジメントに興味がある。これまでとは違うことをしたいんだ」と言いました。これまで音楽の仕事をしていたのに、38歳で急にラーメン屋でマネージャーをやるなんて、ふつうは思い浮かばないでしょう。

「将来のビジョンはあるの？」と尋ねると「10年後、50歳にはリタイアしたい」と言います。10年後にリタイアするなら、アメリカだったら月に5、６０００ドルは必要です。「じゃあ、そのための方法を一緒に考えよう」と言いました。彼には特に「自分の商売を立ち上げてこうしていきたい」というビジョンがないからこそ、ぼくのビジョンを応援したいと思ってくれたのでしょう。

彼の目的は「50歳でリタイアする」こと。ぼくのビジョンは「２０３０年までに世界の10都市で行列のできるラーメン屋をつくる」ことです。であれば、たとえば彼が10店舗をマネジメントしながら投資をすれば、50歳でリタイアして以降も、各店から５００ドルずつ入ってきて、月収は５０００ドルになります。そんなかたちも考えられるね、と話しました。

彼は、とてもしっかりしていて貫禄があります。見た目もシュッとした、かっこいいチャイニーズ・アメリカンです。

彼の仕事ぶりはとても優秀です。

物件探しや、弁護士さん、大家さんとのやりとりなども、すべて間に入ってくれてうまく決着しましたし、広告などお店の見せ方に関しても彼を信頼しています。お店のフェイスブックとインスタグラムの投稿もすべてやってくれています。彼のほうがネイティブの英語ですし、アメリカ人に届く伝え方をしてくれるのです。

鶴麺デイビスをオープンしてから1年と少しで「ベスト・オブ・ボストン」を獲ることができたのですが、それは彼のおかげだと思ってます。記念に彼と２人で写真を撮ったときは、本当にうれしかったです。

マイケルは、ビジネスのことはもちろん、ぼくの人生哲学、幸福論すら理解してくれています。面接に来た学生に「大西さんのフィロソフィーはこれで、この1000日というのは『今を楽しむ』ためなんだよ」とぼくの代わりに熱く説明してくれます。

だから、ぼくは面接のときにニコニコしながら隣で座っているだけでいいのです。ポイントの部分は少しだけ話しますが、ネイティブからすれば片言の英語なので、マイケルがきちっと伝えてくれることは本当に助かっています。あとはぼくが行動で示すだけでいいのです。

「2人目の理解者」を見つけるにはどうすればいいのでしょうか？

ぼくはマイケルに出会えて本当に運がいいと思っていますが、もし年俸と仕事内容を提示して求人広告を出していたら彼は来なかったかもしれません。彼は、お金や仕事内容に惹かれて来たわけではありません。ボストンの仲間の縁があって、オープン前から彼に知り合えたことに感謝しています。

理解者は募集して来てくれるものではないのでしょう。理念を語り、哲学を語り、生き方や姿勢でそれを示し続けることで、気づけば隣にいる。そういうものかもしれません。

理解者がいるというのは、精神的にもすごく支えになります。

やっぱりずっと一人きりはつらい。ハワイでもノースカロライナでも、一人で理念を語っていました。従業員は、ほぼ「敵」のような状態で、チップの分け方に文句を言われたり、権利を主張されたり、まさに「経営者ＶＳ従業員」。これではダメだなと思いました。そこで「ファミリーをつくりたい」というビジョンが生まれたのです。

POINT

理念を語り続けよう

ぼくがチップを廃止した理由

アメリカのお店に入ると、店員とお客さんがわりと対等です。お客さんだからといって、大切に扱うわけではない。あいさつがなかったり、客が困っていても知らんぷりしたりすることもあります。もともとそういう文化ですし、そのほうが気楽だという人もいるかもしれません。ただ、ぼくはそこにストレスを感じてしまうのです。

日本人はチップをもらわないのにきちっとサービスをします。一方、アメリカ人はチップをもらっているのに大したサービスをしなかったりする。わざと低いサービスをして、チップをもらわないと対応しない店員もいます。それはずっとおかしいなと思っていました。

ハワイとノースカロライナのお店では、チップをもらっていました。アメリカではチップをもらうのがあたりまえだから、同じようにしなければと思っていたのです。

たとえば、ウエイトレスを雇うときは、最低賃金よりさらに下の時給3ドルくらいに設定しておいて、チップをもらうことでちょうどになるようにします。それでもチップをたくさんもらう子は、1日に200ドルほど持って帰る子もいました。

この環境下で何が起きるか？　みんな協力し合わなくなります。自分がチップをもらうことに躍起になるので、他の従業員はどうでもよくなるのです。自分の担当のテーブル以外のものを運んだり、他の人の担当のテーブルに行ったり、追加オーダーを聞きにいったりなんて、やるわけがありません。だから店の雰囲気はすごく悪くなります。アメリカではふつうなのかもしれませんが、ぼくはそんな店はイヤだなとずっと思っていたのです。

そこで鶴麺デイビスでは、チップをなしにしました。

うちには**「チップ目当て」で働く人間はいらない**と思ったのです。チップのために働くような人間はうちの店には来られません。だから、アメリカのチップ文化がつくり上げている悪い雰囲気のレストランにはならないはずです。

チップというのは本来、「チップなんていらないですよ」と言っておいてもいただけるものだと思うのです。感謝をお金で示したもの、それが本当の「チップ」です。しかしアメリカの場合、多くのお店で「チップは18%です」などと明示しています。つまり、あれは料金、サービス料なのです。だからうちは「ノー・チップ」にしようと決めたのです。

鶴麺デイビスでは、ひとりひとりの仕事のポジションは決めていますが、全員がすべての仕事を覚えて、いつでもフォローできる体制をつくっています。「大切なのは、サポート・イーチ・アザー。お互いに援助し合えることだよ」と教えています。彼らはその精神を学んで、成長していきます。

アメリカではふつう、レジの人間はレジだけをやります。自分の仕事とは違う仕事をやろうとはしません。でもうちでは「今日はディッシュウォッシャーだけど、今はレジの人が忙しいからオーダー取ってきて」と言えば取れるのです。これはアメリカの他の店ではできないことです。

POINT

協力し合う文化をつくる

独自の文化を根付かせる

「文化」はできてしまえば強いですが、つくるのはすごく大変です。

うちの店も、今は文化があるので店独自のルールもあたりまえになっていますが、そこに至るまでには時間がかかりました。なにせアメリカという大きな文化のなかで、店だけがちょっとした「異空間」になるわけです。これには揺るぎない信念と人並み以上の忍耐力が必要でした。ものすごく胆力が鍛えられました。

文化を根付かせるためには、正攻法しかありません。つまり、信念を持って言い続けるしかないのです。

だからといって違う文化を持った彼らを否定してはダメです。きちんと彼らをリスペクトし、尊重するのだけれど、「うちの文化はこうだよ」と丁寧に伝えていくのです。

たとえば、アメリカには自分たちで掃除をする文化がありません。

アメリカの学校には「掃除の時間」というものがないのです。小学校からずっと教室は掃除の担当者が行ないます。よって子どもたちには「自分たちの教室を自分たちで掃除をする」という感覚がありません。

お店もほとんどの場合、クリーニング業者を入れて掃除します。換気扇も月に2

回、業者が来て掃除するというケースが多い。

でもぼくらは、自分たちでお店を掃除します。さらにはモップを使わず、床を雑巾で拭くように教えているのです。使ったものを自分たちできれいにする文化を根付かせようとしています。

また、まかないを食べるときは「いただきます」「ごちそうさまでした」と、ぼくに言う文化もできています。別に「こう言いなさい」と教えたわけではないのですが、「いただきます」「ごちそうさま」に該当する英語がないから、ぼくのマネをしてみんなが使うようになったのです。「お疲れさまでした」もぼくが使っているのをマネして、みんなが言うようになりました。

高校生の子がラーメンを食べたあとに「ゴチソウ……サマデシタ？」と覚えたての日本語で言ってくれるのはすごくうれしいものです。

問題児はいませんが、たまに遅刻してくるような子はいます。そういう子には、愛情を持って辛抱強くこう伝えます。

「遅刻をすると、君が失うものがあるけれどなんだと思う？」

その子は「？」という顔をします。「店主であるぼくは何も失わない。君がみんなからのリスペクトを失うんだよ」と教えてあげるのです。

来ると決めた時間に連絡もなしに来なかったら、誰が損するかというと君が損をするんだよ、と伝えるわけです。

この考え方は彼らからしたら衝撃なのです。

アメリカは自由が尊重されるし個人主義の強い国です。だから遅刻することもそれほど悪いとは思っていません。そういうなかで「お互いを尊重することが大事だよ。遅刻をするとみんなからの信頼を失うんだよ」と伝えると、多くの子が目を輝かせます。そして「もっと学びたい」と思ってくれます。

POINT

愛を持って、辛抱強く伝える

明日辞める人を
きちんと叱ることができるか

ぼくのもとで1年間修業をした、モルガンというフランス人がいました。

彼が先日店を辞めたのですが、ぼくは彼が辞める前日まで細かいことを注意し続けました。「ネギはこう切ったほうが効率よくなるやろ」など、本当に細かいところまで言い続けました。

ふつうであれば、明日から来ない人間に細かいことは言わないでしょう。彼が成長したところでお店にとって利益があるわけではない。めんどうくさいし、嫌われるだけ損だ、と思って言わない人も多いと思います。

ではなぜ、ぼくは辞めるとわかっている人にそこまで言うのか？

それは彼の成長を思ってのことです。自分の店を辞めて別の場所に行っても、彼が成長できるようにアドバイスをする。ぼくはつねに仲間の成長を願えるチームでありたいと思っているのです。

こんなことを言うと、人間の器を試されているように感じるかもしれません。きれいごとに聞こえるかもしれません。ただ、**仲間のことを思って言ってあげることによって、自分の器も大きくなる**のです。仲間を育てることは、ひいては自分を育てるということにもつながります。

ふだんからぼくは「お店にとってプラスだから」というスタンスで注意をしたり、叱ったりしないように心がけています。「お店が困るから」「お店が儲からないから」という言い方をすると、言われた人間は否定されたように感じるでしょう。自分が尊重されていないように思ってしまいます。

「お前のやり方はどうでもいい。店のやり方で効率よくやってくれ」と言われても、やる気は出ない。「うちのやり方はこうだよ」だけでは、その人の潜在能力を発揮させることはできないのです。

人間は自分の価値を最大限に発揮し、まわりに貢献できたときに成長できます。最大のよろこびを感じることができます。だから、つねに店側の利益ではなく、本人の成長を願って発言することが大切なのです。

そして、仲間の成長を「楽しむ」ことができたら最強です。誰かに指摘するときも、イラッとするのではなく、微笑みながら言えるチームは強い。

ぼくもまだまだ修業中なので、イラッとしてしまうときはあります。でも、そこに自分で気づいて軌道修正できるかどうかが大切なのです。人間はパーフェクトではありません。「あ、今、イラッとしてしまったな」と自覚をして、そのたび修正できればいいのです。

ぼくも職人気質は持っています。よって、ある時期までは自分でやらないと納得がいきませんでした。どうしても「人に任せたらクオリティが下がるんじゃないか」と思ってしまっていたのです。

でもそれは、ただの思い込みだということに気づきました。「弟子のほうが優れている部分もある」ということを認めたくないだけだったのです。そう気づいてからは、教えることは教え、相手をよく見て、相手のいいところを見つけるようになりました。

彼らはぼくよりも素晴らしいラーメンをつくれるようになる可能性がある。でも、ぼくは彼らに負けたくない。だから、彼らからも学ぶ。それが最高の状態なのです。

もうひとつ、リーダーに大切なのは「感謝力」です。

「働きたい」と言ってきてくれること自体に感謝できるかどうか。「人間はまわりの支えがなければ、何ひとつできない」ということを理解しているかどうかが大切なのです。

もちろん鶴麺デイビスは、ぼくが一人でつくり上げたものではありません。ぼくががんばったから、ベスト・オブ・ボストンに選ばれたわけではありません。ぼくは本当にラーメンをつくるくらいしかできません。オープン前からボストンの経営者仲間の人たちが力を貸してくれて、マイケルというマネージャーが来てくれて、これまで手伝ってくれた子たちがいてくれたから、なんとかやってこられたのです。辞めた子にすら「あの子のおかげだった」と感謝しています。

今の自分があるのは、過去に支えてくれた人たちのおかげ。きれいごとに聞こえるかもしれませんが、本当にそうなのです。

雇ったらその瞬間から「ファミリー」です。

アルバイトであっても、とことん関わっていきます。その覚悟と愛が必要なのです。薄い関わりでチームがうまくいくことはありません。そこに愛がないからです。いきなり知らない人を「愛しなさい」と言われても難しいでしょう。「関わっていくんだ」という覚悟がなければ、愛も生まれない。その覚悟と愛がなければ、雇ってはいけないのです。

もしチームの仲間を好きになれないのなら、心のどこかに「自分の力だけでここまで来たんだ」というおごりがあるかもしれません。

みんなの支えが、今の結果をつくってくれた。そのことを忘れなければ、マネジメントも自然とうまくいくはずです。ぼくはそういつも自分に言い聞かせています。

POINT

「関わる覚悟」と「愛」を持て

第6章

お金のことを考えないときがいちばん儲かる

お金のことを考えている
ときほどお金に困る

お金は大切です。

いくら「楽しもう」と言っても、お金がないと不安で楽しめません。

まさにハワイのときは、お金に困って苦労しました。体調も悪くなりました。今は利益が出ているので、お店を多めに閉めて日本にも来られるし、楽しく営業ができています。

ぼくは基本的に「赤字はダメ」という考えです。

赤字になると、それこそ八方ふさがりになってしまいます。成長できる環境もつくれないし、ビジネスとして1ドルでも黒字を出すことが大切です。

たまに「赤字でも思いが強い事業だからやりたいんだ」と言う経営者もいます。正直、美徳だけで突き進むのは手ぬるいのではないかと思うのです。どれだけ、自分たちにとって「最高だ」と思うことをしても、赤字になるということは世の中に必要とされていないのです。赤字にならないということが、社会に必要とされているという証拠です。だからぼくは「赤字はダメ」と考えているのです。

一方で、「赤字にならないのであれば、なんでもアリ」とも思っています。別に貯めれば貯めるほどいい、とは思いません。

お店が順調にいっていれば、貯めようと思えば貯めることはできます。でも、必要だと思ったお金は使ったほうがいい。店を休んで毎月日本に帰ったり、自分たちが楽しいと思うイベントに出たり、グッズをつくったりもします。赤字にさえならなければ、楽しむことにフォーカスしまくる。そこに思い切って惜しまず使うのです。

赤字は絶対にダメだけれど、「儲ければ儲けるほどいい」「貯めればいい」というわけでもない。それが、今のぼくのお金に対するバランス感覚です。

たとえばぼくはビールが大好きなのですが、大好きなビールの醸造所とコラボイベントをやったりします。鶴麺デイビスでは、リカーライセンスを取ることができませんでした。ならば逆にビールの醸造所にこちらから話を持っていって「そちらでラーメンをつくらせてもらえないですか？」と持ちかけたのです。こういったイベントは正直利益なんて考えていません。儲かるからやるわけではなく、ぼくが楽しいからやるのです。

お金は大切にしつつも「楽しい」にフォーカスする。

ただぼくらが楽しんでやっていると、その楽しさに人が寄ってきます。醸造所のイベントもきっと大行列になるはずです。だから、結果的には黒字になるのです。楽しむこと、遊び心でワイワイやること。それが「結果的に」お金になるのです。もしそこで変に「費用対効果」を考えてしまったら、楽しくなくなって魅力的なイベントにはならないでしょう。

実はお金のことばかり考えているときのほうが、お金に困ってしまいます。ハワイのときがまさにそうです。逆に、お金のことを考えないくらい楽しんで夢中になっていると、自然とお金は入ってくるものです。

POINT

楽しむとお金が入ってくる

借金はしない

借金もダメです。

借金をするのは、やっぱりつらい。

かつては「借金してでもやるほうが正解」と思っていた時期もありました。実際に大阪の鶴麺2号店は借金をしてオープンしました。でも、借金は全部が台無しになる可能性があります。逆に、借金せずにやれば好き放題やることができます。すると「楽しめる店をつくったからOK！」と割り切れるので、結果的に成功できるのです。

借金でお店をつくると、費用対効果や回収のことをものすごく考えなければいけません。結局、本来やりたいこととは違うところに労力を使いすぎてしまうのです。本当にフォーカスすべきところに頭を使えない。だから、失敗してしまうのです。

借金して始めるのであれば、きちっと儲ける計画を立てて、本当にビジネス的に成功しそうなお店にしないと無理です。「5年で回収するためには、こういう感じにして、じゃあ、席数はいくつがいいかな……」などと考えなければいけない。それでは結局なんのために仕事をしているのか、よくわからなくなってきます。そうではなく「楽しむため」にお店の内装から何から考えていくことが大切です。楽しむから結果的に成功するのです。

おかげさまで「投資したい」と言われることも多くあります。今なら、おそらくぼくがお金を使わなくても、他人のお金で店をオープンできるでしょう。

でも、**他人のお金だとどうしても自分の好きなことはできません。**

「投資してもらう」というのは、いろいろな足かせがあるのです。投資家であれば、誰しも回収したいと思うでしょう。「回収しなくていい」「投資だけしたい」なんて話は信じられません。最初はそういう顔で近づいてくる人もいますが、うまくいき始めると途中で変わってしまう人がほとんどなのです。

POINT

借金は足かせになる

「お金さえあればできるのに」はありえない

やはりノースカロライナでの経験はぼくのなかで大きなできごとでした。あのときに「人のお金でやってもうまくいかない」と学びました。

たとえばあなたが今後会社をやろうと思ったときに「期待しているから2000万円あげるよ。返さなくていいよ。成長してくれ」と言われたとします。すると、多くの人がうれしくなって、うまくいくような気になるでしょう。お金を出さなくていい。なんのリスクもないように思ってしまいます。

でも、やっぱり「心のリスク」というのはあるのです。いずれ投資家からは「こうするといいよ」などと言われることになります。儲かったら儲かったで、ふつうであれば「援助したんだから、利益は戻してね」となるはずです。金は出すけど口は出さないという人はなかなかいないのが現実です。

「サイレント・インベスター」とか「エンジェル投資家」といった言葉もありますが、ぼくから言わせればほとんど「口出す投資家」だと思います。お金も出して、口も出す。

なぜなら、彼ら自身も事業をして、成功体験があることが多いからです。「私のほうが正しいよ」というアドバイスの仕方をするでしょう。

達観していて「もう自分には発想力がないから、次の世代にお金をまわす」というレベルの投資家がいれば、口は出さないかもしれません。ただ、そういう人はなかなか見つからないでしょう。

やっぱり**「自分のお金でできないことは、人のお金でもできない」**ということです。これが結論です。

結局は自分の能力にかかってくるのです。

よく「お金があればできるから、投資してもらおう」という人を見かけますが、実はお金というものはそんなに単純なものではありません。

精神的に「返さなければ」という思いは、とても大きいメンタルの負担になります。

投資家さんと一緒にやったお店は、想像していなかった苦労が多々あり、本当に大変でした。今思い出しても胃がキリキリと痛んできます。

「お金さえあればうまくいくのに」とみんな思っています。

でも実際は、そんなことはありません。人から借りたお金で、そんなにうまくいくわけはないのです。

POINT

自分のお金だから自由にできる

自分でリスクをとらないと本気になれない

人はなるべくリスクをとらないでリターンを得ようとします。

サラリーマンが「起業したい」「お店を開きたい」と思っても、それは「リスク」だからと多くが二の足を踏んでしまいます。「うまく子会社をつくって、自分のビジネスができないか」「会社は辞めずに副業として挑戦できないか」などと考えるのです。

別にそれが悪いとはまったく思いませんが、やはり**いちばん本気になれるのは「本気になるしかない状況に自分を持っていくこと」**です。とれるリスクをとって、言い訳ができない状況に身を置くことです。

人間は自分を肯定したい生きものです。

よって、自ら言い訳ができない状態に持っていかなければ、正当に聞こえる言い訳をつい見つけてしまいます。それは本気の状態ではありません。

やっぱり追いつめられて「明日どうやって食べていこう……」という緊張感は大切です。追いつめられたときこそ、もっともすごい結果を出すことができるのです。

それは自分のリスクでやるのが「つらい」からではなく、それが最高に「楽しい」からです。「つらい」と思ってしまうとなかなか成功しづらくて、人もお金も集まってきません。

リスクをとって、その刺激を楽しむこと。そこもポイントです。

ぼくは何回も失敗していくうちに、だんだんと「お金を稼がなければ」という思考になっていき、頭で「どう稼ごうか」とつねに考えるようになりました。でもそれはリスクを楽しめていない状態です。リスクを不安に思い、ずっと「つらいな」と思っていました。

お金を稼ぐというのは本来、ビジョンを達成するための一手段にすぎません。達成したいビジョンがあるからこそ、お金を稼ぐのです。でもつらいときは、お金を稼ぐことが目的になってしまうのです。それではずっとしんどいだけなのです。

ぼくの場合は、今いろいろなビジョンがあります。「ボストンを美食の街にしたい」とか「ボストンに鶴麺ファミリーをつくりたい」といったビジョンです。それを達成するために、その一手段としてお金を稼ぐことも必要なのです。

「つらい」を「楽しい」に変えるコツは、より上を目指すことです。ビジョンをワクワクするようなビッグなものにすることで、リスクは楽しさに変わります。何度も言いますが、楽しんでいないと人もお金も集まりません。

みんな怖いと思います。怖いから、独立するときにどうやったら成功するかを考えるでしょう。でも、それではダメです。

「どうやって成功するか」という発想をやめましょう。「成功するのはあたりまえ」です。成功は前提です。あとは「成功までの過程をどう楽しくするか」を考えるのです。この感覚がいちばん大切なのです。

これがハワイ、ノースカロライナ、ボストンで学んだいちばんの収穫です。やっぱり楽しむこと。それしかないのです。

POINT

成功するのはあたりまえ

父が破産し、借金取りが家に来た

お金ってなんでしょうか？

ぼくも未だに答えは出ません。

もちろんお金は、必要なものではあると思います。これまで、お金に困ることもあれば、お金がたくさん儲かることもありました。たくさん使っていたこともあります。今はそういったお金のことから、ある程度解放されています。

ひとつ言えるのは、**お金にとらわれているときはお金に困っていたのに、とらわれなくなってからお金に困らなくなった**ということです。お金ってすごく不思議だなと思っています。

ぼくの人生は、お金に振り回されてきました。

育ってきた家は貧乏でした。父親が、友人の保証人になり、その人が行方不明になり、借金を肩代わりし、破産してしまいました。

外食は当時は贅沢だったのであまり連れていってもらえませんでした。

焼肉というのは、家でホットプレートで焼いて食べるものだと思っていました。焼肉屋さんにまともに行ったのは、大人になってからです。高校を卒業するまでは、本当に数えるくらいしか外食をした記憶がありません。おじいちゃんが「うなぎ、連れてったろか？」と1年に1回あるかないかくらいで言ってくれましたが、それがとても子供心にうれしかったのを覚えています。お父さんとお母さん、兄弟３人の家族みんなで外食に行ったことはほとんどありませんでした。

　ぼくが外食に憧れるのは、子ども時代のコンプレックスから来ています。自分ではじめて1万円を超えるお寿司を食べに行くことができたのが、それこそ30歳を超えてから。大人になってから食べ歩きをしまくったのは、コンプレックスから来たものだったのかもしれません。

　そんな貧乏時代でも日常的に行けた「外食」がラーメン屋さんでした。

　当時のラーメンは３５０円くらい。高くても５００円ほどです。５００円玉を握りしめて、よくラーメン屋さんに行っていました。

　父はお金の使い方が下手で、ずっとお金に困っている人生でした。儲かるときもあったのですが、結局経営もうまくいかず破産してしまう。そんなことを繰り返していました。

　母はそれを内職だけで支えてくれ、兄弟３人はなんとか大学まで行かせてもらいました。父は大胆にお金を使うタイプ、母はずっとコツコツ貯めるタイプで、ぼくはどちらの金銭感覚も持っている気がします。

強烈に覚えているのは、家に借金取りが来たときです。破産宣告した瞬間というのは、いろいろな人が少しでもお金を取り返そうと家に押し寄せます。そういうときは電気を消して居留守を使うのです。ドンドンと扉をノックされると、母がぼくに「しーっ」と言って家族みんなで静かにするのです。家じゅうの家電に差し押さえの紙が張られている最中に、学校から帰宅したときもありました。そんなドラマみたいなことを体験しています。

ぼくが稼ぎ出してからも父は破産します。そのときは、ぼくも少しは融通したのですが、それでも間に合わず破産してしまいました。破産しているので法的には逃げなくてもいいのですが、ずっと肩身の狭い思いをしていました。

ぼくはそんな体験をしているからこそ、お金の厳しさもわかるのです。

ちなみに、ラーメン屋を目指すことにしたのは、小さいときからラーメン屋に関する記憶がたくさんあったからです。500円玉を握りしめて食べに行ったラーメンの思い出だったり、中学の塾の帰りに食べたラーメンだったり。人生の至るところにラーメンの思い出がありました。外食に憧れていたぼくにとって唯一行ける外食がラーメンだったのです。だから「独立するならラーメン屋にしよう」と決めていたのです。

なかでも本気で衝撃を受けたのは、中学の塾の帰りに食べた「画竜軒」という大阪のラーメン屋でした。でもその店は、ぼくが高校1年生のときに閉店してしまって、幻のラーメン屋になってしまいました。

あと、伊丹十三監督の映画『タンポポ』もぼくのバイブルで、ラーメン・ムービーです。山﨑努さんと渡辺謙さんがトラック野郎で、とあるラーメン屋さんを復活させるという映画で、とてもおもしろい。食に関して、とても考えさせられる作品です。

大学を出たときも、親の会社に入ったときも、飲食店で働いているときも、会社員になろうという気はまったくありませんでした。

とにかく「自分のラーメンをつくりたい」という気持ちがありました。そして、自分のつくったラーメンで行列をつくりたいと思っていました。映画『タンポポ』に出てくるラストシーンのように。

大好きなラーメンでたくさん稼ぐことで、少しでも苦労をかけた母に楽をさせてあげたいと思っていたのです。

POINT

お金に振り回されてはいけない

おわりに

父は最期に「後悔している」と言った

ハワイで失敗し、ノースカロライナでさらに失敗し、人生のどん底を味わっているとき、ぼくは父を亡くしています。

肝臓がんでした。

肝炎から肝硬変になり、ついに余命宣告を受けました。「もう病院では何もできません」と言われ、父は酸素ボンベをつけながら家に帰ってきました。

父の仕事は、演出家でした。素晴らしい演出家でした。たくさんのいい作品を残し、ぼくも小さいときから父の仕事を見てきました。しかし、そんな父も「いつか本を出版したい」という夢がありました。結局それは、かないませんでした。

ぼくは最期の2日間、一緒にいました。

そのとき父の口から出てきたのは、人生に対する後悔でした。

今から死にゆく人間が、最後に口にすることが後悔――。

こんなに悲しいことはありません。

ぼくは何を言えばいいかわからず、「ぼくは後悔せんように生きるよ。心配せんでええから」と繰り返していました。

父は69歳で亡くなりました。

素晴らしい人生だったと、人生を美化して言うことは簡単です。

しかし、人間死ぬ前にやり残したことを後悔するということもある。これもまた事実です。

父はぼくにそのことを強烈に教えてくれたのです。

「かっこよくおもしろく冒険する」という自分の行動指針を思いついたのは、このときです。

父の話を聞いて「父は自分の人生を本気でやりきったのかな？」と考えてみました。「いや、やりきってない」と思いました。ぼくは後悔するような人生を送ってはいけない。冒険をしなかった人生にしたくない。

死ぬ前に「あれがやりたかった」と言うのではなく「あー、自分の人生、冒険しまくった！　やりきった！」と思いたい。だから、自分は本気で後悔のない人生をやりきろうと思ったのです。失敗を恐れないというマインドもこのときにできたような気がします。なぜなら、失敗を恐れてやらずに人生が終わってしまうことこそ、人生最大の失敗だと気づかされたからです。

この本の本編では、ぼくの散々だった失敗体験をたくさん書かせていただきました。

本屋さんには、たくさんの成功本が並んでいますが、人の成功は誰にでも再現できるものではないと思っています。むしろ、失敗から学ぶことのほうが多いと思い、恥ずかしい失敗体験を赤裸々に書かせていただきました。

失敗の数が多いということは、その数だけ冒険したということです。

ぼくが失敗から学んだ教訓が、この本を読んでくださった皆様のお役に少しでも立つことができたら、著者としてこのうえないしあわせです。

２０２０年１月　大西益央

ブックデザイン
小口翔平＋喜來詩織＋加瀬梓（tobufune）

構成
竹村俊助（WORDS）

大西益央（おおにし・ますお）

「Tsurumen」店主。1976年、大阪市生まれ。1999年、近畿大学商経学部経営学科卒。2007年、地元大阪市鶴見区でラーメン店「鶴麺」をオープンし、2010年に2号店「らぁ麺Cliff」（現「Tsurumen」）をオープン。2店舗を大阪屈指の人気店に育てた後、2018年4月にボストンで「Tsurumen Davis」を開店。最低気温マイナス10℃以下にもなる極寒のボストンで、1時間待ちの行列を作る超人気店となる。「いまボストンでもっとも熱いレストラン」第1位を3カ月連続獲得。ボストンNo.1のメジャーな新聞「Boston Globe」の1面を飾るなど、メディアからの注目も高い。営業時間2時間のみや、オープンから1000日しか営業をしないなど、飲食店らしからぬ独自の“仕事幸福論”も注目を集め、「情熱大陸」〈2019年2月放送〉に出演。「Boston Magazine」誌「Best of Boston 2019」受賞。

なぜ、2時間《じかん》営業《えいぎょう》だけでうまくいくのか？

2020年2月29日　初版第1刷発行

著　者　大西《おおにし》益《ます》央《お》
発行者　田邉浩司
発行所　株式会社 光文社
〒112－8011 東京都文京区音羽1-16-6
電話　編集部 03-5395-8172
書籍販売部 03-5395-8116
業務部 03-5395-8125
メール non@kobunsha.com
落丁本・乱丁本は業務部へご連絡くだされば、お取り替えいたします。
組　版　堀内印刷
印刷所　堀内印刷
製本所　榎本製本

　ISBN978-4-334-95143-6